RADICAL NEGATION

**Bastian Hoffmann @ Sprengel Museum
x feinkunst e.V., Hannover, 2024**

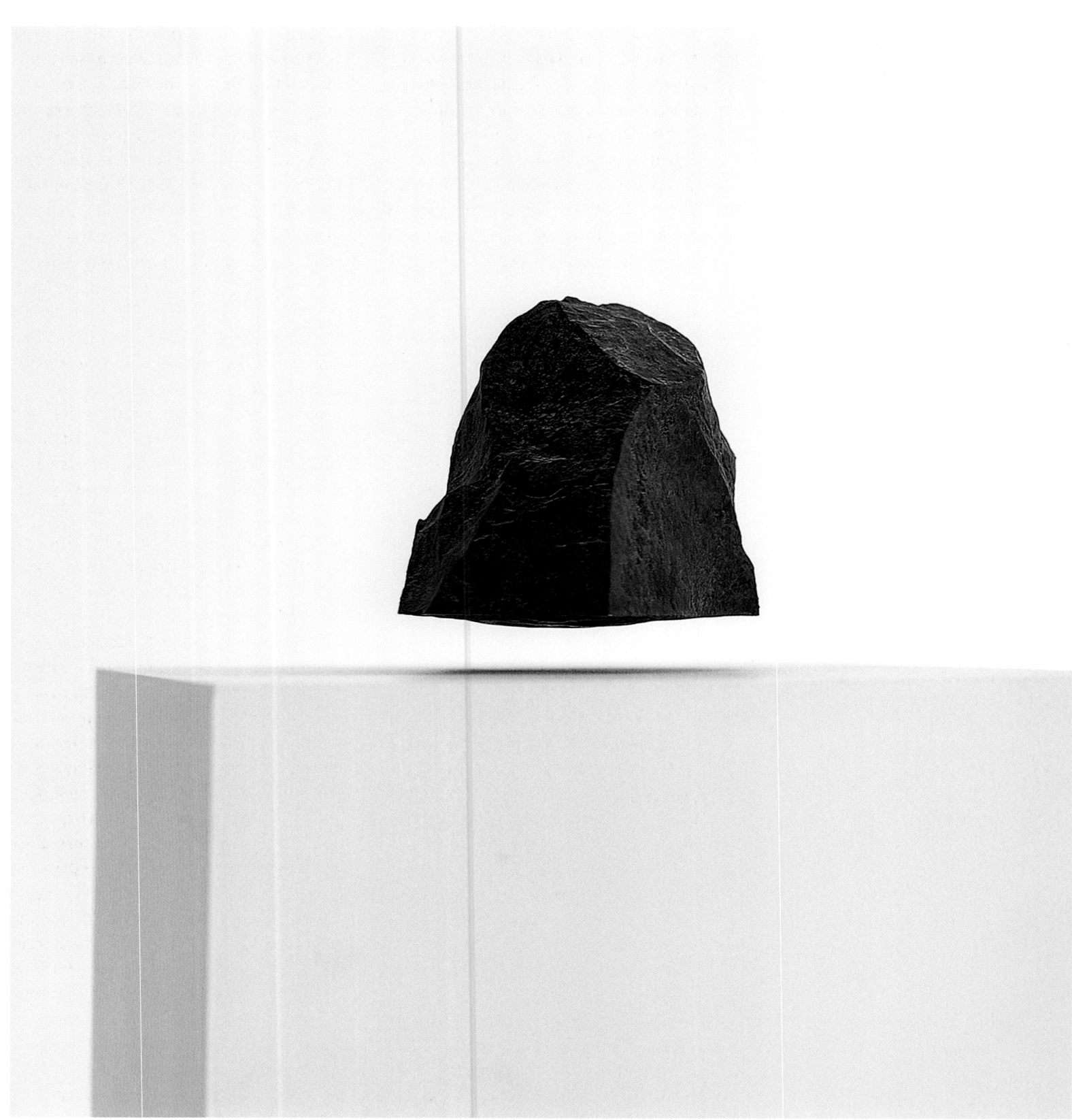

Jürgen, 2013

schwebender Stein / floating stone
Keramik, Holz, Farbe / ceramics,
wood, paint
24 × 24 × 108 cm

Installationsansicht / installation
view – Kunstverein Krefeld, 2019

VORWORT
FOREWORD

Reinhard Spieler

Bastian Hoffmann nimmt in seiner Kunst oft alltägliche, vermeintlich unscheinbare Gegenstände zum Ausgangspunkt – und entdeckt hinter der Fassade des ersten Anscheins überraschend komplexe und hochinteressante Geschichten. So entpuppt sich etwa ein handgeschöpftes Papier als ehemaliger Schreibtisch, der geschreddert wurde. In subversiven und humorvollen Tutorial-Videos ironisiert er die Herstellung von unsinnigen Produkten und reflektiert dabei künstlerische Prozesse ebenso wie die Sichtbarkeitsmechanismen von Plattformen wie Youtube.

Er schmilzt einen Porschemotor zu einer Alu-Pfütze, stapelt Obstkisten zu einem endlos wirkenden 12 Meter hohen Turm, stellt in enorm aufwendiger Manier aus Betonguss handbemalte Schottersteine her, die man auch einfach aus dem Gleisbett nehmen könnte oder konstruiert, nicht minder aufwendig, Pfützen an Orten, wo sie nicht hingehören. Immer streut er Sand ins Getriebe reibungslos und unauffällig verlaufender Alltagsvorgänge und entlockt ihnen überraschende Erkenntnisse über Kunst und Gesellschaft.

Mein großer Dank gilt Alexander Leinemann, der diese Einzelausstellung von Bastian Hoffmann für die Ausstellungsreihe *sprengel@feinkunst* umsichtig und klug kuratiert und damit die schöne Kooperation zwischen dem Sprengel Museum Hannover und feinkunst e.V. um ein weiteres, wirklich markantes Highlight bereichert hat. Er hat zudem dafür gesorgt, dass mit finanzieller Unterstützung der Stiftung Kulturwerk, der Dr. Christiane Hackerodt Kunst- und Kulturstiftung sowie dem Kulturverein Rasselmania e.V., denen wir dafür sehr dankbar sind, auch ein schöner Katalog entstehen konnte. Wie immer war die Zusammenarbeit mit Oliver Rohde und Sabine Kassebaum Sikora von feinkunst e.V. reibungslos und angenehm!

Und schließlich gilt mein ganz herzlicher Dank Bastian Hoffmann, der mit viel Engagement und im freundschaftlichen Schulterschluss mit Alexander Leinemann die Ausstellung und die Publikation realisiert hat. Ich hoffe, dass dieser künstlerisch-kuratorische Schulterschluss den Startschuss für viele weitere vielversprechende Projekte bildet!

Bastian Hoffmann often takes ordinary, supposedly unremarkable objects as the starting point for his art - and discovers surprisingly complex and highly interesting stories behind the façade of first appearances. For instance, a piece of handmade paper turns out to be a former desk that has been shredded. In subversive and humorous tutorial videos, he ironises the production of nonsensical products, reflecting on artistic processes as well as the visibility mechanisms of platforms such as YouTube.

He melts a Porsche engine into an aluminium puddle, stacks fruit crates into an seemingly endless, 12-metre-high tower, produces hand-painted ballast stones from cast concrete in an enormously elaborate manner, which could simply be taken from the track bed, or constructs no less elaborate puddles in places where they don't belong. He always throws sand into the gears of smooth and inconspicuous everyday processes and elicits surprising insights into art and society.

My great thanks go to Alexander Leinemann, who prudently and cleverly curated this solo exhibition by Bastian Hoffmann for the *sprengel@feinkunst* exhibition series and enriched this wonderful cooperation between the Sprengel Museum Hannover and feinkunst e.V. with another truly striking highlight. He also arranged for a beautiful catalogue to be produced with the financial support of the Kulturwerk Foundation, the Dr. Christiane Hackerodt Art and Culture Foundation and the Rasselmania e.V. cultural association, to whom we are very grateful. As always, the collaboration with Oliver Rohde and Sabine Kassebaum Sikora from feinkunst e.V. was flawless and pleasant!

Finally, my heartfelt thanks go to Bastian Hoffmann, who realised the exhibition and the publication with great commitment and in friendly cooperation with Alexander Leinemann. I hope that this artistic and curatorial alliance will be the starting signal for many more promising projects!

BASTIAN HOFFMANN RADICAL NEGATION

Alexander Leinemann

‚Macht' das Sinn?

Geleitet von dadaistischen, kinetischen sowie konzeptuellen Formsprachen, vollführt das Werk des Kölner Künstlers Bastian Hoffmann (geb. 1983) ein ambivalentes Spiel mit dem Alltäglichen: Mauern (S. 22/23), die ein dynamisches Eigenleben haben, Pfützen (S. 24), deren vermeintliche Beiläufigkeit einer stringenten Planung obliegt oder Papierbögen (S. 19), deren Struktur Zeuge einer vorherigen Performance ist. Die Auflösung alltäglich-bekannter Nutzungszusammenhänge nimmt eine omnipräsente Stellung im Œuvre des Künstlers ein. Jedes seiner Werke entfernt sich dabei von fixierten Erwartungshaltungen und lässt eine künstlerische Inspirationsquelle von teils verspielt-humoristischer Tendenz präsent werden. Hoffmann hinterfragt nicht nur die allgemeine Materialität der von ihm hinzugezogenen Gegenstände. Vielmehr zeigt er, dass diese Materialität ebenso wie eine vermeintlich ‚normale' Kontextualisierung der Gegenstände durch Handhabung und Umgang konstruiert sind. *De-Konstruktion*, Prozesse mutmaßlicher Zerstörung, die Schaffung divergenter Räume oder die teils abwegige Neukontextualisierung bestehender Sinnhaftigkeiten führen eine profane und doch entscheidende Erkenntnis vor Augen: »Die Alltagswahrnehmung, die von feststehenden Dingen ausgeht, ist eine Illusion. Realität muss als ein zusammenhängendes Ganzes betrachtet werden, das sich in ständiger Bewegung befindet.«[1]

Bewegung um jeden Preis

Alles befindet sich in einem fortwährenden Prozess des Austausches. Das, was heute geschaffen wird, ist morgen bereits von einem nicht aufzuhaltenden Prozess der Veränderung bestimmt. Der Mensch versucht alles, um diesem unnachgiebigen Fortschreiten entgegenzuwirken: Das Alter wird geleugnet, Leistungsnormierungen zum Lebensmittelpunkt erklärt und Perfektion als omnipräsenter Zustand definiert. Doch so wie der Glaube an die Leistungsgesellschaft den Menschen in seinem Denken und Handeln limitiert, unterliegt die Vorstellung eines erreichbaren Idealzustandes einem eklatanten Irrtum: »Vollendung ist der Tod, und der Tod ist eine Zumutung.«[2] Der Mensch plant, gliedert auf, bemisst, konzipiert, realisiert und verwirft. Das menschliche Individuum ist meisterlich darin, Unwegsames zu begradigen, Uneinsichtiges zu erhellen und die höchstmögliche Zweckdienlichkeit aus vorheriger Nebensächlichkeit zu gewinnen. Doch so wie der Lauf der Dinge nicht aufzuhalten ist, gelangt auch jede noch so stringent formulierte Überlegung irgendwann an ihre Grenzen. Der Mensch sehnt sich jedoch nach Ganzheit, legitimiert sie seine Existenz.[3] Wird das menschliche Individuum aber damit konfrontiert, dass ebendiese Sehnsucht ein alleiniges Konstrukt seiner Vorstellung ist, bleibt eine Frage präsent: Wie kann im Angesicht nicht vollends zu erfassender Ereignisse überhaupt der Nährboden für einen gültigen und zukünftig als sinnstiftend zu bezeichnenden Konsens geschaffen werden?

Die vergangenen Jahre der Pandemie zeigten auf drastische Weise, dass sich der Mensch in einem globalen Abhängigkeitsverhältnis befindet, in dem die individuelle Freiheit mit der kollektiven Abhängigkeit kollidierte. Ein Verständnis für die »universelle Verflechtung aller Leben«[4], wie es die amerikanische Philosophin Judith Butler (geb. 1956) formuliert, hätte das unweigerliche Resultat dieser Extremsituation sein können. Doch abermalig propagierte Grenzen sind zum allgemeingültigen Mittel erklärt worden, um den dynamisch verlaufenden Ereignissen zu begegnen.[5] *Alternative Fakten* wurden zum Credo einer erdachten Welt, die im Glauben an Kontrolle altbekannten Narrativen von Ausgrenzung, Diffamierung und Stigmatisierung den Vorzug gewährte. Der Mensch besitzt eine »tiefgreifende Struktur der Verleugnung«[6], mit der er seine Wahrnehmung beeinträchtigt und die Ausbildung eines Bewusstseins für die komplexe Bewegung der Realität vehement negiert. Doch was ist zu unternehmen, um aus eigenem Antrieb die Strukturen dieser teils radikalen Negierung zu überwinden?

‚DIY' – erwartete Stringenz und ihre Unterwanderung

Bastian Hoffmanns Kunst hinterfragt wiederkehrend das gedanklich und handlungsorientiert erlernte Verhalten des Menschen gegenüber seiner Umwelt. In seiner Werkreihe *DIY (Do it Yourself)* nutzt der Künstler ein Phänomen, das aus dem Drang der eigenspezifischen Produktivität heraus entstanden ist. Durch das Internet zu ungeahnter Verbreitung geführt, besitzt das auf wenige Minuten komprimierte Format der „Mach es selbst"-Videos eine bis in die Gegenwart befindliche Reichweite: Leichte Konsumier- und Umsetzbarkeit von teils komplexen Inhalten stehen dabei im Vordergrund der Videos. Dem Konsumierenden wird das Gefühl vermittelt, dass das Befolgen der im Video formulierten Vorgaben zu einem positiven Resultat führen wird. Aus einer zunächst bestehenden Problematik kann durch wenige Minuten der Aufmerksamkeit eine Lösung abgeleitet werden, die im Individuum zugleich die Vorstellung bestärkt, auch zukünftig durch ebensolche Formate positive Ergebnisse erzielen zu können. Hoffmanns Arbeiten wie beispielsweise *how to turn your work place into a sheet of paper* (2018; s. S. 18) oder *how to turn a wooden board into a press board* (2013; s. S. 6) beruhen dabei zunächst vollständig auf der dargestellten Funktionsweise des *DIY*-Formates: Wenige Minuten Lauflänge, ein auf das Nötigste an Information komprimierter Inhalt sowie ein bereits im Titel vermittelt zu erzielendes Ergebnis. Ehedem unterläuft Hoffmann in seinen Arbeiten aber – unter dem Deckmantel gängiger Konformität – eine vermeintlich bekannte Ordnung, muss im Falle von *how to turn a wooden board into a press board* der Rezipierende doch die unweigerlichen Fragestellungen formulieren: Wieso sollte ein massives Holzbrett in eine kleinteilige Pressspanplatte umgeformt werden? Ergibt das wirklich Sinn, oder handelt sich hierbei vielmehr um dilettantischen Unsinn?

Mit mehr als 80% Anteil ist ein Großteil des in Europa hergestellten Mobiliars aus Pressspan. In der Herstellung kostengünstig und aus einem grundsätzlich nachhaltig definierten Verwertungsgedanken entstanden, führte der Werkstoff nicht nur Industrie und einrichtungsbedingten Zeitgeschmack zusammen. Die geringere Wertigkeit des Materials sorgte auch dafür, dass im Kontext preiswerter Aneignung ein inflatorisches Kaufverhalten, das diametral zum ursprünglichen Nachhaltigkeitsgedanken steht,[7] gängige Praxis wurde.[8] Im Angesicht der somit herrschenden Materialeigenschaften, ist der Eingriff Hoffmanns als eindeutig nutzungsbefreit einzustufen, entspricht das massive Holzbrett doch nicht dem gängigen Einzugsmaterial von Pressspanplatten. Vor der Kamera agiert der Künstler jedoch in stoischer Ernsthaftigkeit, wodurch nicht nur der Glaube an die Zweckdienlichkeit seines Handelns aufrechterhalten wird: Hoffmanns Auftreten täuscht darüber hinweg, dass im Kontext individuellen Fortschritts sein minderwertiges Erzeugnis den zugrunde liegenden Leistungsanspruch des *DIY*-Formates unterläuft. Hoffmann verrückt dadurch den auf das Bekannte ausgerichteten Fokus und blendet eine Hinterfragung der eigenspezifischen Standpunktabhängigkeit ein: Der Eingriff wird zur Analogie, die im Kontext nutzungsorientierter Normierungen darauf verweist, dass zwischen Vorstellung und Wirklichkeit ein Zwischenraum von nicht abzusehendem Ausmaß existiert.

How to turn a wooden board into a press board besitzt zwar eindeutige und bereits im Titel genannte Vorgaben. Zwischen Auflösung und letztendlicher Neuschaffung zeigt sich jedoch, dass jede Aktion eine nicht vollends zu überblickende Reaktion nach sich zieht, die nur in Bruchteilen wieder zu einem konkreten Ganzen geformt werden kann. Will der Mensch jedoch einen Zugang für das auftretende *Mehr* an nicht zu überblickenden Gegebenheiten erhalten, bedarf es der Entwicklung einer »Tiefensensibilität für die Lücken und Poren im Dazwischen«[9], wie es der Schweizer Kunstkritiker Paolo Bianchi (geb. 1960) formuliert. Ohne ein damit korrespondierendes Vorgehen gibt sich der Mensch unumgänglich dem Irrglauben hin, die Sinnhaftigkeit seines Handelns vollends selbst bestimmen zu können. Dabei wird jedoch allzu oft die geltende Tatsache übersehen, dass Sinnhaftigkeit keine allgemeingültig ,machbare' Größe, sondern ein kontextabhängiger Umstand ist, dessen Plausibilität sich fortwährend von Neuem ergibt.

Im Dazwischen präsent

Hoffmann generiert in seinen *DIY*-Formaten den Anschein, dass alles, was er tut und sagt, im scheinbar schützenden Rahmen einer dem Format innewohnenden Glaubwürdigkeit fungiert. Sein nonkonformistischer Eingriff macht jedoch darauf aufmerksam,

dass nicht allein die Sinnhaftigkeit über sein Handeln entscheidet, sondern dass es Dinge gibt, die außerhalb ebendieser Planbarkeit existieren. Im Kontext einer Welt, deren alltägliche Erscheinungsform von menschgemachten Regelhaftigkeiten durchzogen wird, ist die Akzeptanz eines ebenso gegensätzlichen Denkens umso schwieriger, fordert es vom jeweiligen Individuum, außerhalb bestehender Formen zu denken. Der sensiblere und dem »Dazwischen«[10] zugewandte Dialog befähigt aber dazu, im zufällig Auftretenden mehr zu entdecken, als nur eine auszublendende Gegensätzlichkeit: »Der Begriff des Entdeckens ist dabei konnotiert mit der Bedeutung, etwas zu sehen, was jeder gesehen hat, aber etwas zu denken, was noch keiner gedacht hat.«[11]

How to turn a wooden board into a press board agiert mit Humor gegen das Erwartete. Im Rahmen einer trivialen Anleitung zur Herstellung von Pressspanplatten entkoppelt Hoffmann nicht nur die Sinnhaftigkeit des zugrunde liegenden Formates und verrückt den Betrachtenden aus seiner scheinbar sicheren Annahme. Er führt zugleich vor Augen, dass der Mensch die Engstirnigkeit seines Denkens überwinden muss, will er einen Zugang zum auftretenden *Mehr* der Realität erhalten. Hoffmanns Produktionsprozess wandelt nicht nur scheinbar Unförmiges – Holzspan – in eine gefestigte Form um. Die geschaffene Pressspanplatte ist das Ergebnis einer Handlung, die nicht nach vollends kontrollierter Produktivität fragt. Hoffmanns zum Bild gewordener Eingriff zeigt, dass die Schaffung einer Form immer damit verbunden sein muss, die Umstände ihrer zuvor bestandenen Komplexität wahrgenommen zu haben. Erst dann wird aus dem »Dazwischen«[12] nicht ein zu überwindender Moment trivialer Nichtigkeit, sondern die reflexive Grundsätzlichkeit einer jeden Annäherung an das, was Hoffmanns Kunst in ihrem Kern auszeichnet: die Erkenntnis, dass eine »universelle Verflechtung«[13] unumgänglich ist.

1 Linde, Almut: *Radical Beauty. Form und Erkenntnis. Eine Künstlertheorie*, Hamburg 2018, S. 93.

2 Steinaecker, Thomas von: *Ende offen. Das Buch der gescheiterten Kunstwerke*, Frankfurt a. M. 2022, S. 18.

3 Vgl. Linde 2018, S. 304.

4 „Judith Butler. Die unhintergehbare Verflechtung alles Leben. Ein Gespräch von The Collective Eye", in: *Kunstforum International*, Bd. 285 (2023), S. 62–71, hier: S. 62.

5 Vgl. ebd., S. 72.

6 Ebd.

7 »Die Spanplatte wurde erfunden, um das Holz eines Baumes möglichst vollständig zu nutzen. Die bis dahin entsorgten 60% Holzabfälle wie Randstücke, Äste und beschädigte Teile werden zerspant und mit Kunstharz zu Platten verpresst. […] Die Nachhaltigkeit eines Holzwerkstoffs hängt von vielen Faktoren ab. Je grösser der Verarbeitungsgrad wie die Zerspanung, der Klebstoffanteil und die Beschichtung, desto mehr Energie fällt bei der Produktion an.«, In: Eidgenössische Technische Hochschule Zürich/Thönnissen (ETH Zürich), Udo: »Spanplatten«, in: Material Archiv, URL: https://materialarchiv.ch/de/ma:material_315 (Letzter Zugriff: 14.09.2023).

8 Vgl. ebd.

9 Bianchi, Paolo: »Einen Kunstsinn suchen und finden. Wir könnten porös sein wie ein Schwamm«, in: *Kunstforum International*, Bd. 253 (2018), S. 44–57, hier: S. 52.

10 Ebd.

11 Ebd., S. 49.

12 Ebd., S. 52.

13 Butler 2023, S. 62.

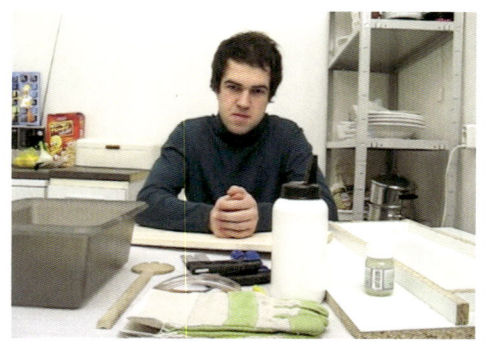
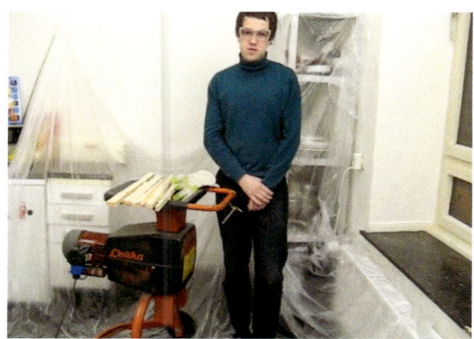
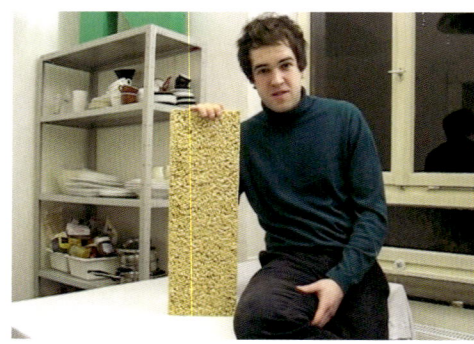
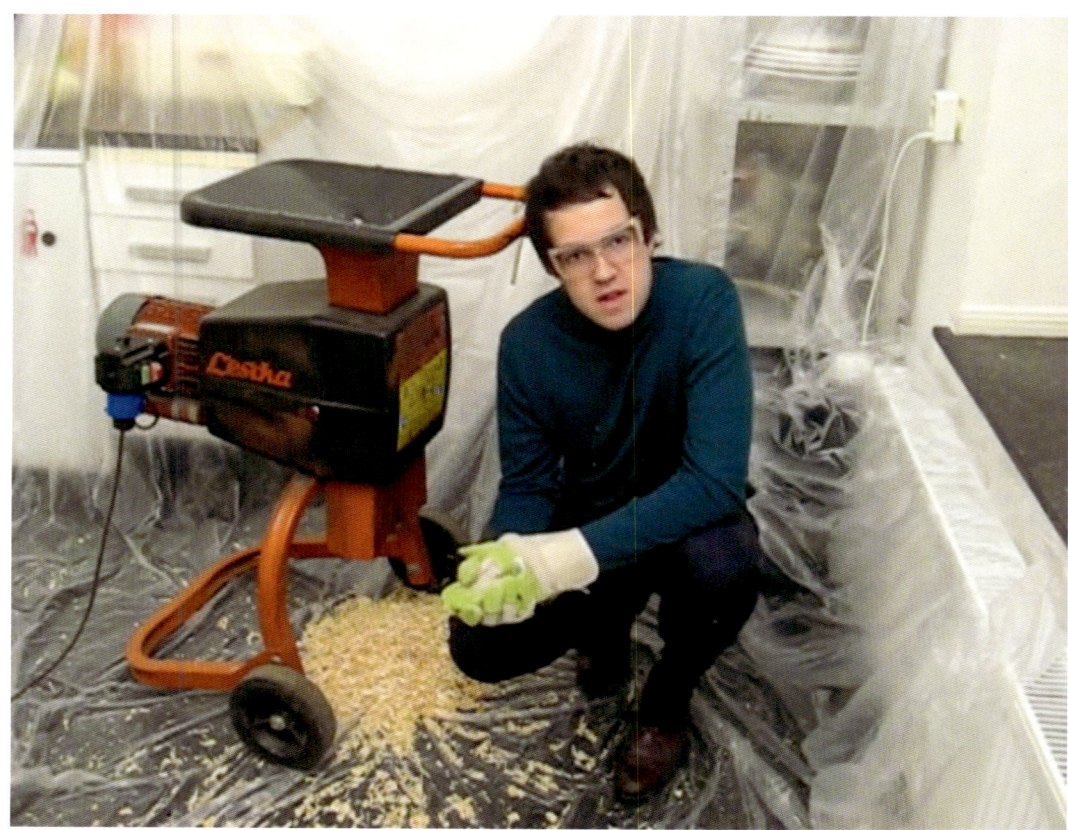

Videostills

*how to turn a wooden board
into a press board*, 2013
3:14 min

aus der Tutorial Clip-Serie /
from the tutorial clip series
Today I want to show you…
2012 – fortlaufend / ongoing
Video, Farbe, Ton / video, color, sound

Pressboard, 2013

Holz, Leim / wood, glue
60 × 20 × 1,9 cm

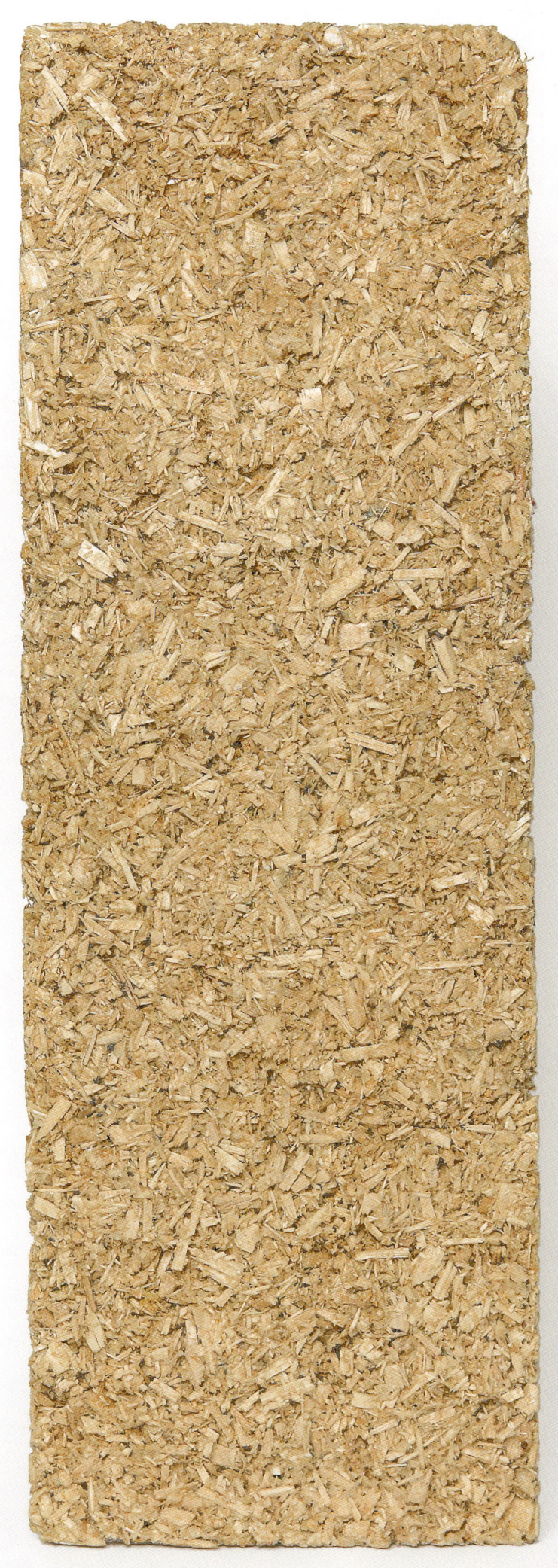

BASTIAN HOFFMANN RADICAL NEGATION

Alexander Leinemann

Does this make sense?

Guided by Dadaist, kinetic and conceptual formal languages, the work of Cologne-based artist Bastian Hoffmann (born 1983) plays an ambivalent game with the everyday: Walls (p. 22/23) that have a dynamic life of their own, puddles (p. 24) whose supposed casualness is subject to stringent planning or sheets of paper (p. 19) whose structure bears witness to a previous performance. The dissolution of familiar everyday contexts of use is omnipresent within the artist's oeuvre. Each of his works pulls away from fixed expectations and instead replaces them with (sometimes playful and humorous) moments resulting from artistic inspiration. Hoffmann not only scrutinises the general materiality of the objects he uses. Rather he shows that this materiality, as well as a supposedly 'normal' contextualisation of the objects, is constructed through handling and treatment. De-construction, processes of presumed destruction, the creation of divergent spaces or the sometimes absurd recontextualisation of pre-existing meaningfulness reveal a profane, yet important insight: »Die Alltagswahrnehmung, die von feststehenden Dingen ausgeht, ist eine Illusion. Realität muss als ein zusammenhängendes Ganzes betrachtet werden, das sich in ständiger Bewegung befindet.«[1] (Every-day perception, which is based on fixed things, is an illusion. Reality must be seen as a coherent whole that is in constant motion. Translated by A.L.)

Movement at all costs

Everything is in a constant process of change, as well as exchange. What is created today is already determined to undergo an unstoppable process of change tomorrow. People do everything in their power to resist this relentless progression: Age is de-nied, (work) performance is declared the focus of life and perfection is defined as an omnipresent state. However, just as the belief in meritocracy limits people in their thoughts and actions, the idea of an achievable ideal state is a blatant misconception: »Vollendung ist der Tod, und der Tod ist eine Zumutung.«[2] (Perfection is death, and death is an imposition. Translated by A.L.) People plan, divide, measure, conceptualize, realise and reject. The human individual has mastered straightening out the impassable, shedding light on the obscure and extracting usefulness to its maximum from previous triviality. But just as the course of events cannot be stopped, even the most compelling thought reaches its limits at some point. However, people long for wholeness, since it justifies their existence.[3] However, if the human individual is confronted with the fact that this very longing is only a construct of their imagination, one question remains: how can the basis for a valid consensus that can be described as meaningful in the future be created at all in light of events that can never be fully grasped? The past years of the pandemic have drastically shown that mankind exist within in a global relationship of mutual dependency: Here, individual freedom clashes with collective dependency. An understanding of the »universelle Verflechtung aller Leben«[4] (universal interconnectedness of all lives. Translated by A.L.), as the American philosopher Judith Butler (born 1956) puts it, could have been the inevitable result of this extreme situation. But once again, repeatedly proclaimed boundaries have been declared the universal means of countering this dynamic course of events.[5] *Alternative facts* became the credo of an imagined world that, control being its root, preferred familiar narratives of exclusion, defamation and stigmatisation. Humans have a »tiefgreifende Struktur der Verleugnung«[6] (profound structure of denial. Translated by A.L.) that impairs their perception and makes them vehemently deny any form of awareness of the complex movement of reality. But what can we do in order to (pro)actively overcome the structures of this sometimes radical denial?

'DIY' – expected stringency and its subversion

Bastian Hoffmann's art repeatedly questions people's behaviour towards their environment, which they have learned through their thoughts and actions. In his *Today I want to show you* series of works, the artist draws on a phenomenon that has emerged from the urge for self-specific productivity. Thanks to the Internet, the „do it yourself" video format, compressed into a few minutes, has gained widespread significance: the video content promises a simplified realisation of sometimes complex content, while at the same time being easy to watch. The consumer is left with the feeling that following the instructions will lead to a positive conclusion. A solution for an initially existing problem can be gained within a few minutes of attention. At the same time, this reinforces the idea of solutions for problems in other fields and areas of our lives being achieved through similar formats. Hoffmann's works, such as *how to turn your work place into a sheet of paper* (2018; see p. 18) or *how to turn a wooden board into a press board* (2013; see p. 6), are initially based entirely on the *DIY* format and its functions: a short running time, the content condensed to the bare minimum of information and an easily achievable result that is already conveyed in the title. In his works, however, Hoffmann undermines supposedly familiar orders – however, he does so under the guise of common conformity. In the case of *how to turn a wooden board into a press board*, viewers have to ask themselves the following, inevitable questions: Why should a solid wooden board be remodelled into a small-scale pressboard? Does this really make sense – or is it rather amateurish nonsense?

Today, more than 80% of the furniture produced in Europe is made of pressboard. Cheap to produce and based on an initially sustainable recycling concept, the material once brought together industry and contemporary furnishing tastes. However, the comparably low value of the material also lead to an inflationary consuming behaviour that soon became common practice – diametrically opposed to the original idea of sustainability.[7] In light of the material's characteristics, Hoffmann's intervention is, therefore, clearly not 'useful' in a common sense, as the solid wooden board strongly differs from the chipboard in terms of its materiality. In front of the camera, however, the artist acts with stoic seriousness, thereby conveying his own credibility, while at the same time presenting his actions as something purposeful. This behaviour conceals the fact that the resulting product of minor quality undermines the *DIY* format's claim of success«9 and the achievement of good quality products. Hoffmann thus shifts the focus away from the expected towards a questioning of his viewers' invidual point of view: His intervention becomes an analogy that, in the context of use-oriented standardisation, points to the fact that there is an unforeseeable and necessarily unknown space between imagination and reality.

How to turn a wooden board into a press board does seemingly present clear guidelines, which are already mentioned in the title. Between dissolution and re-creation, however, it becomes apparent that every action always leads to an unpredictable reaction – a reaction that will always remain a fragment. However, if a person wants to oversee this emerging surplus of endless and unforeseeable possibilities, it is necessary to develop a »Tiefensensibilität für die Lücken und Poren im Dazwischen«[8] (deep sensitivity for the gaps and pores in between. Translated by A.L.), as the Swiss art critic Paolo Bianchi (born 1960) puts it. Without this sensitivity, people will inevitably remain under the misconception that they can completely determine the meaningfulness of their actions themselves. All too often, however, the valid fact is overlooked that meaningfulness is not a generally 'feasible' quantity, but a context-dependent circumstance whose plausibility is constantly emerging anew.

Present in the in-between

In his *DIY* formats, Hoffmann generates the impression that everything he does and says works within the seemingly protective framework of ultimate credibility inherent to this specific format. However, his non-conformist intervention draws attention to the fact that his actions are not solely determined by their meaningfulness, but that there are things that exist outside of this very predictability. In the context of a world whose everyday appearance is pervaded by man-made rules, the acceptance of a contradictory way of thinking is all the more difficult, as it requires the individual to think beyond their existing forms and beliefs. However, the more differentiated and sensitive dialog, which focuses on the »Dazwischen«[9] (in-between. Translated by A.L.), enables us to discover more within randomly occurring events and happenings than just a contradiction to be suppressed: »Der Begriff des Entdeckens ist dabei konnotiert mit

der Bedeutung, etwas zu sehen, was jeder gesehen hat, aber etwas zu denken, was noch keiner gedacht hat.«[10] (The concept of discovery is connoted with the meaning of seeing something that everyone has seen, but thinking something that no one has ever thought. Translated by A.L.) Hoffmann's works juxtaposes humour and the expected. In the context of trivial instructions for the production of pressboard, sheets of paper, stones or puddles, Hoffmann not only removes the meaningfulness from the underlying format and dislocates the viewers from their seemingly safe assumption. At the same time, he demonstrates that people have to overcome the narrow-mindedness of their thinking if they want to gain access to the emerging more of reality. Hoffmann's creative process not only transforms the seemingly shapeless into a solid form. The works he has created are the result of an action that does not ask for productivity at all costs. Hoffmann's intervention, which has become an image, shows that the creation of a form is always determined by a recognition of its pre-existing complexity. Only then does the »Dazwischen«[11] (in-between. Translated by A.L.) become more than a moment of trivial nothingness to be overcome, but rather the fundamental nature of any approach to what characterises Hoffmann's art at its core: The realisation that »universelle Verflechtung«[12] (universal entanglement. Translated by A.L.) is unavoidable.

1 Linde, Almut: *Radical Beauty. Form und Erkenntnis. Eine Künstlertheorie*, Hamburg 2018, 93.

2 Steinaecker, Thomas von: *Ende offen. Das Buch der gescheiterten Kunstwerke*, Frankfurt a. M. 2022, 18.

3 Cf. Linde 2018, 304.

4 "Judith Butler. Die unhintergehbare Verflechtung alles Leben. Ein Gespräch von The Collective Eye", ed.: *Kunstforum International*, vol. 285 (2023), 62.

5 Cf. ibid., 72.

6 Ibid.

7 "Chipboard was invented to utilise the wood of a tree as fully as possible. The 60% wood waste that had previously been disposed of, such as edge pieces, knots and damaged parts, is chipped and pressed into boards using synthetic resin. [...] The sustainability of a wood-based material depends on many factors. The greater the degree of processing, such as chipping, adhesive content and coating, the more energy is used during production.", In: Eidgenössische Technische Hochschule Zürich/Thönnissen (ETH Zürich), Udo: "Spanplatten", in: Material Archiv, URL: https://materialarchiv.ch/de/ma:material_315 (14.09.2023).

8 Bianchi, Paolo: "Einen Kunstsinn suchen und finden. Wir könnten porös sein wie ein Schwamm", in: *Kunstforum International*, vol. 253 (2018), 52.

9 Ibid.

10 Ibid., 49.

11 Ibid., 52.

12 Butler 2023, 62.

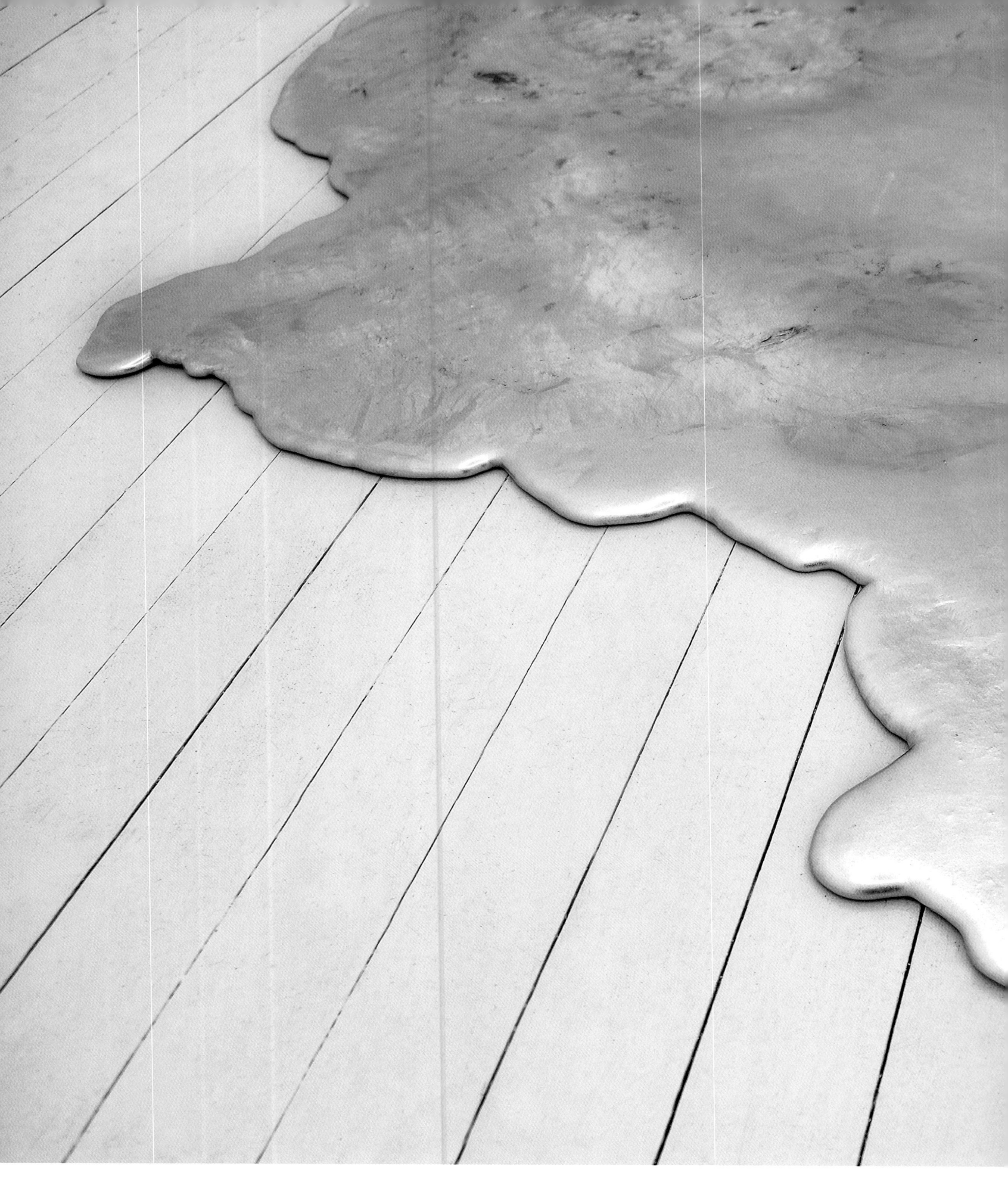

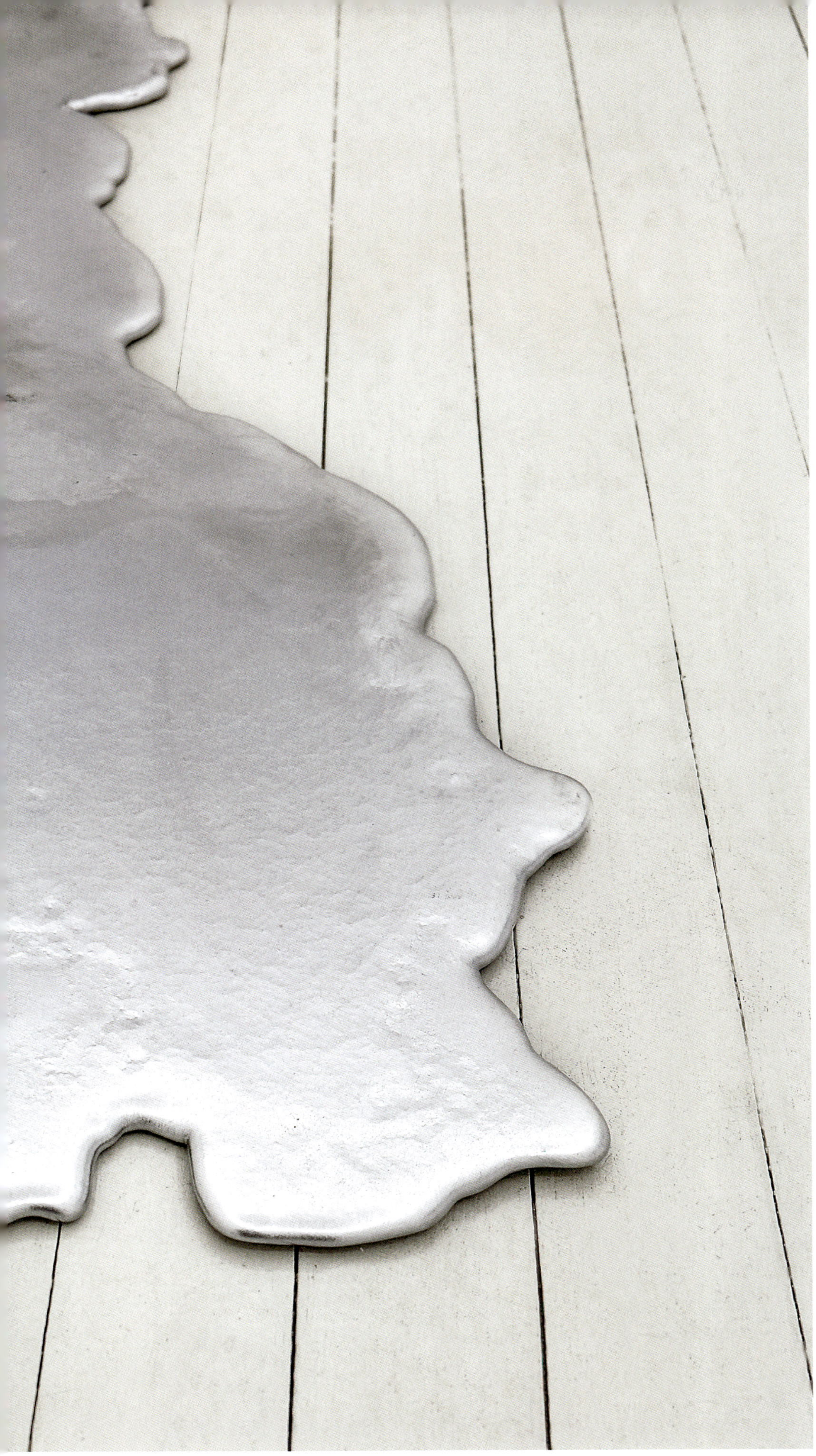

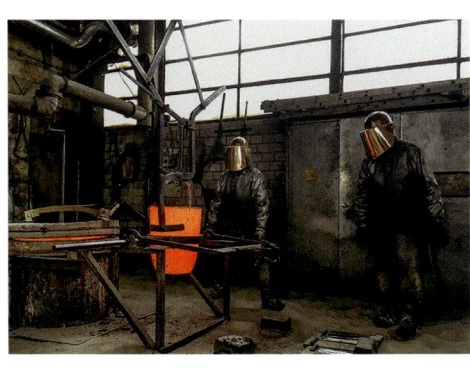

Flatsix, 2019

Aluminiumguss, Porsche Motor (911) /
aluminum cast, Porsche engine (911)
213 × 140 cm
Unikat / unique

Installationsansicht / installation view –
pas de deux, Strizzi, Köln 2020

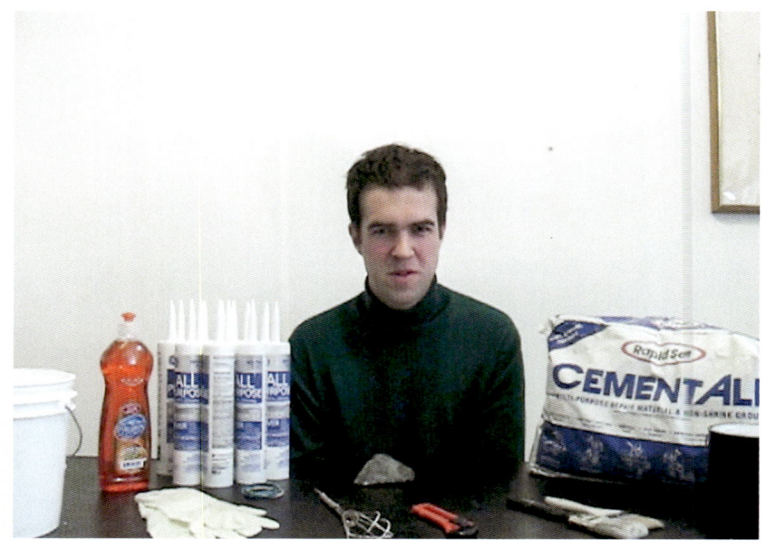
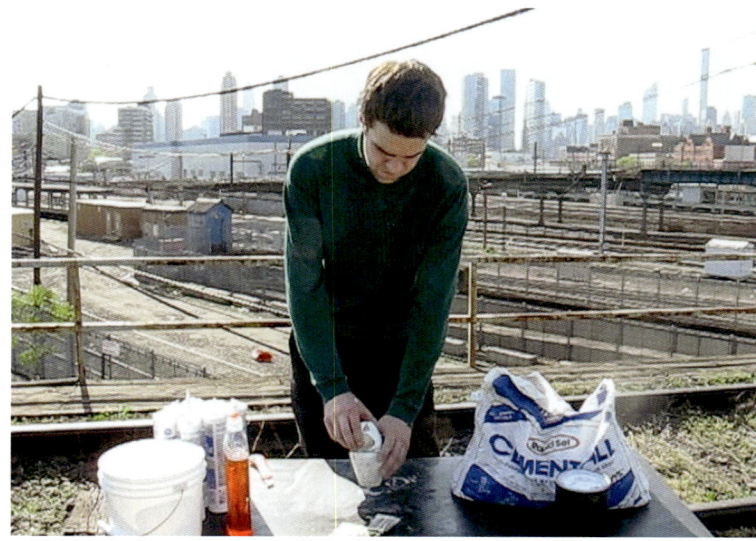
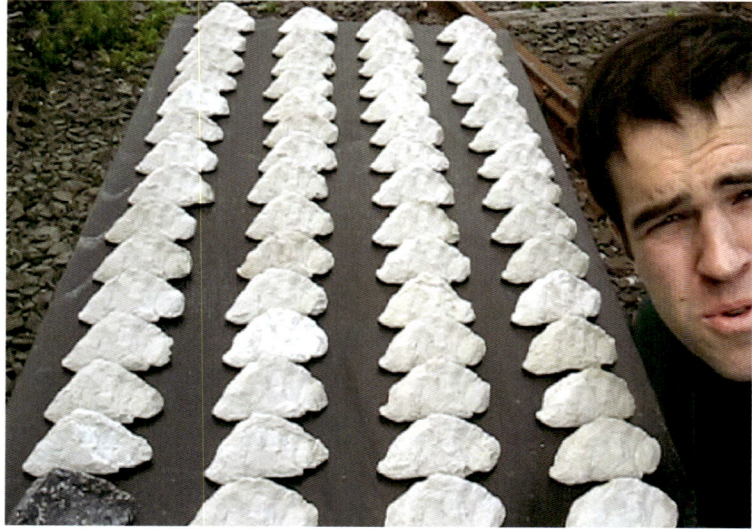
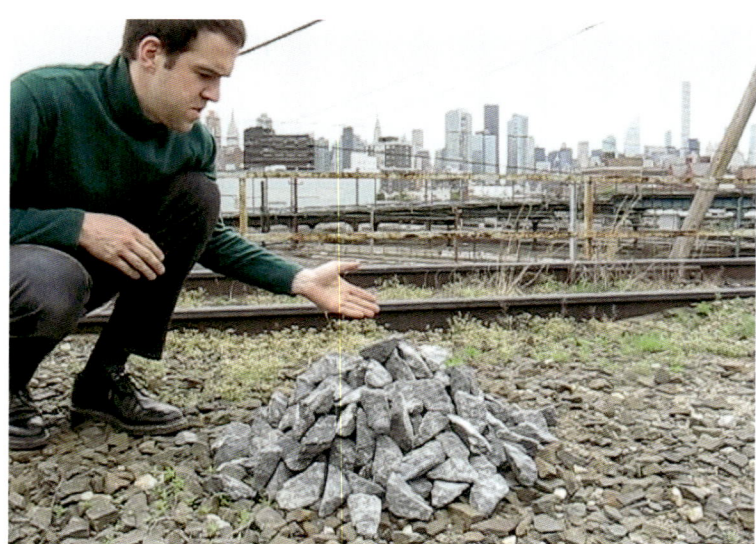

Videostills

Gravel Pile, 2016
04:33 min

aus der Tutorial Clip-Serie / from the
tutorial clip series
Today I want to show you…
2012 – fortlaufend / ongoing
Video, Farbe, Ton / video, color, sound

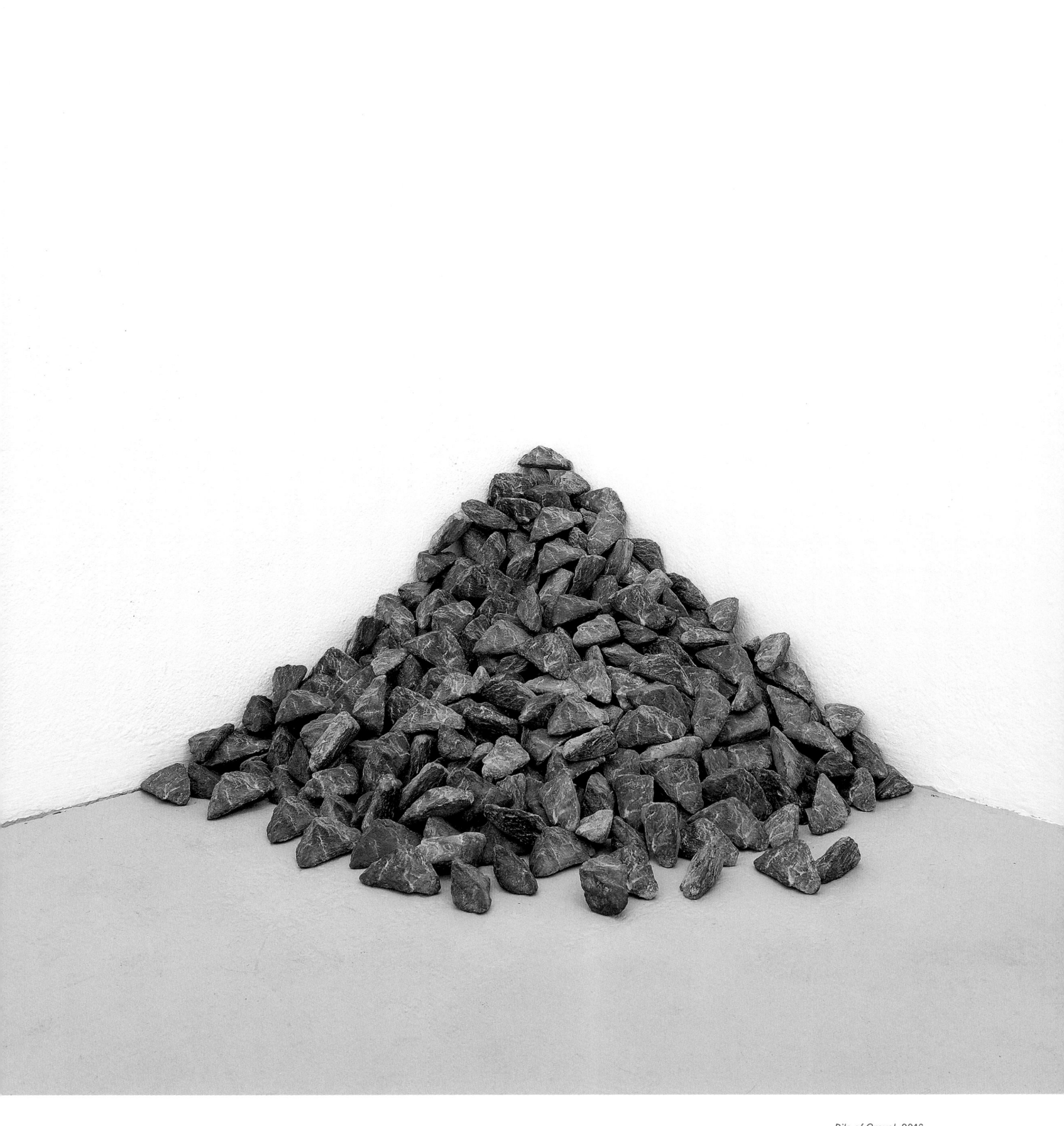

Pile of Gravel, 2016

Schotterhaufen aus 900 identischen,
handbemalten Steinen / 900 identical,
casted and hand-painted stones
Beton, Farbe, Puder / concrete, paint,
powder, Größe variabel / size variable

Installationsansicht / installation view –
Kunst Leben Kunst – Sammlungspräsen-
tation / Collection presentation,
Museum Ostwall, Dortmund 2023

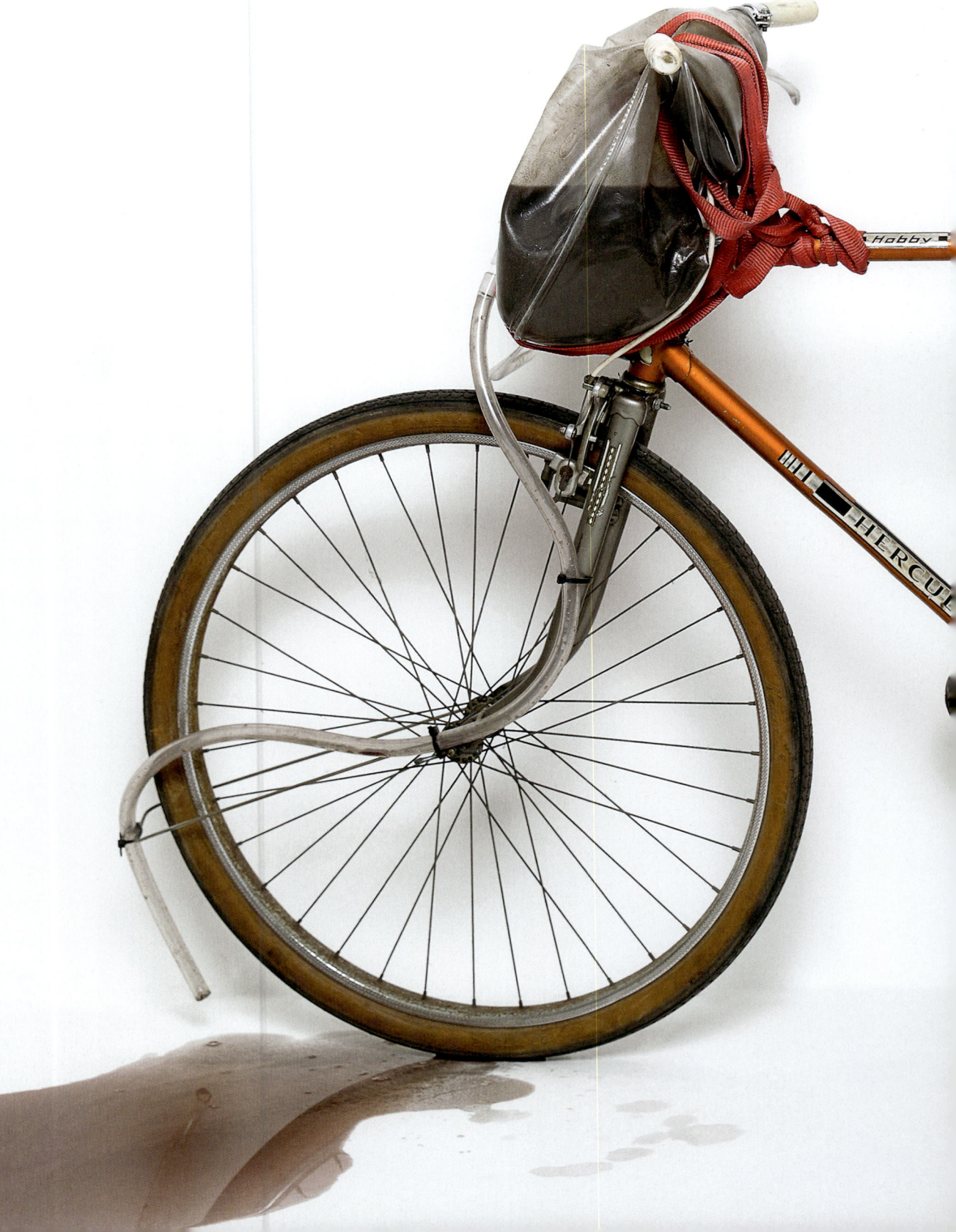

Bike that cycles everyday in mud, 2012

Fahrrad, Kanister, Schläuche, Spann-
gurte, Wasser, Erde / bicycle, canister,
hoses, tension belts, water, soil
160×105 cm

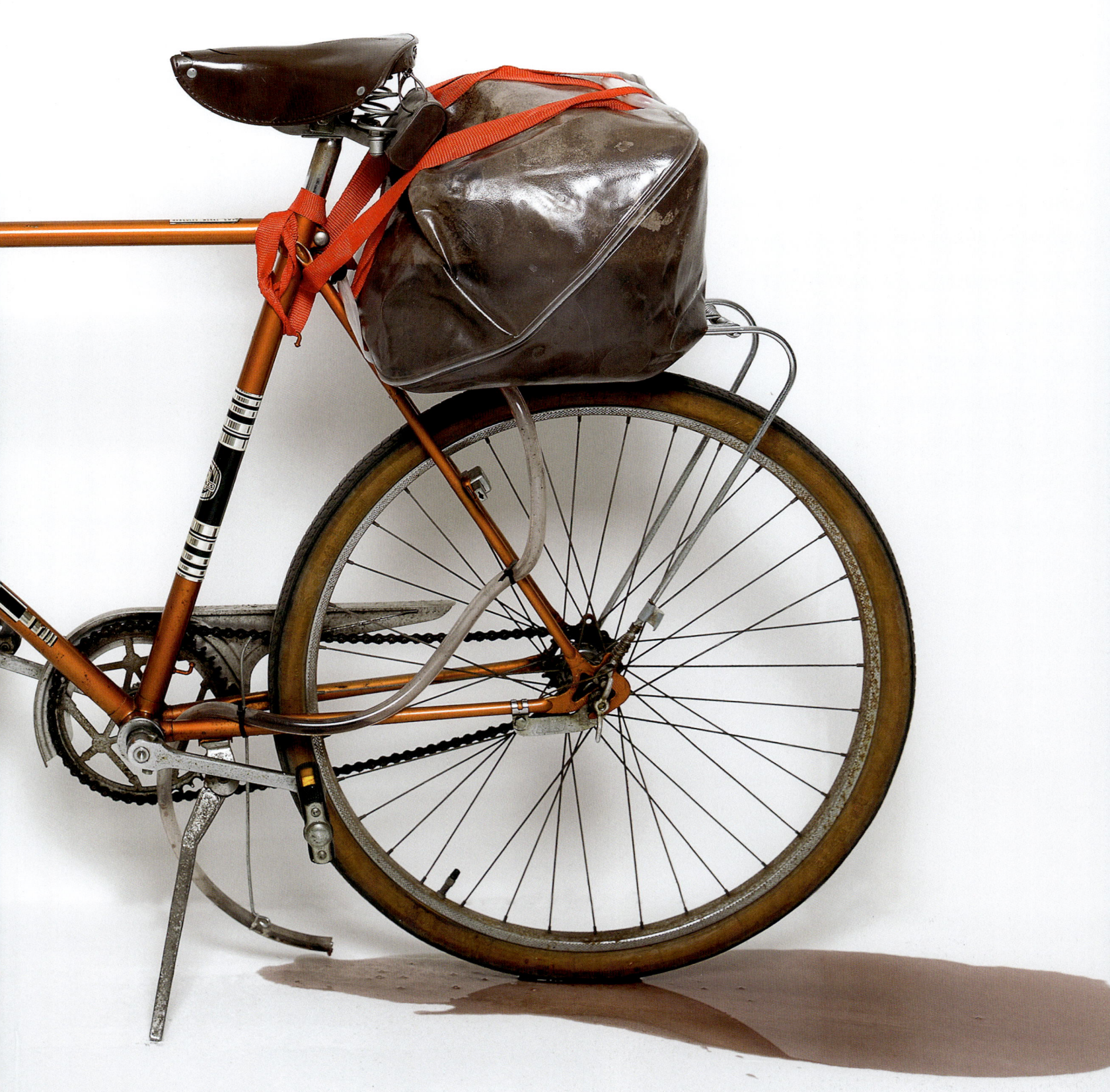

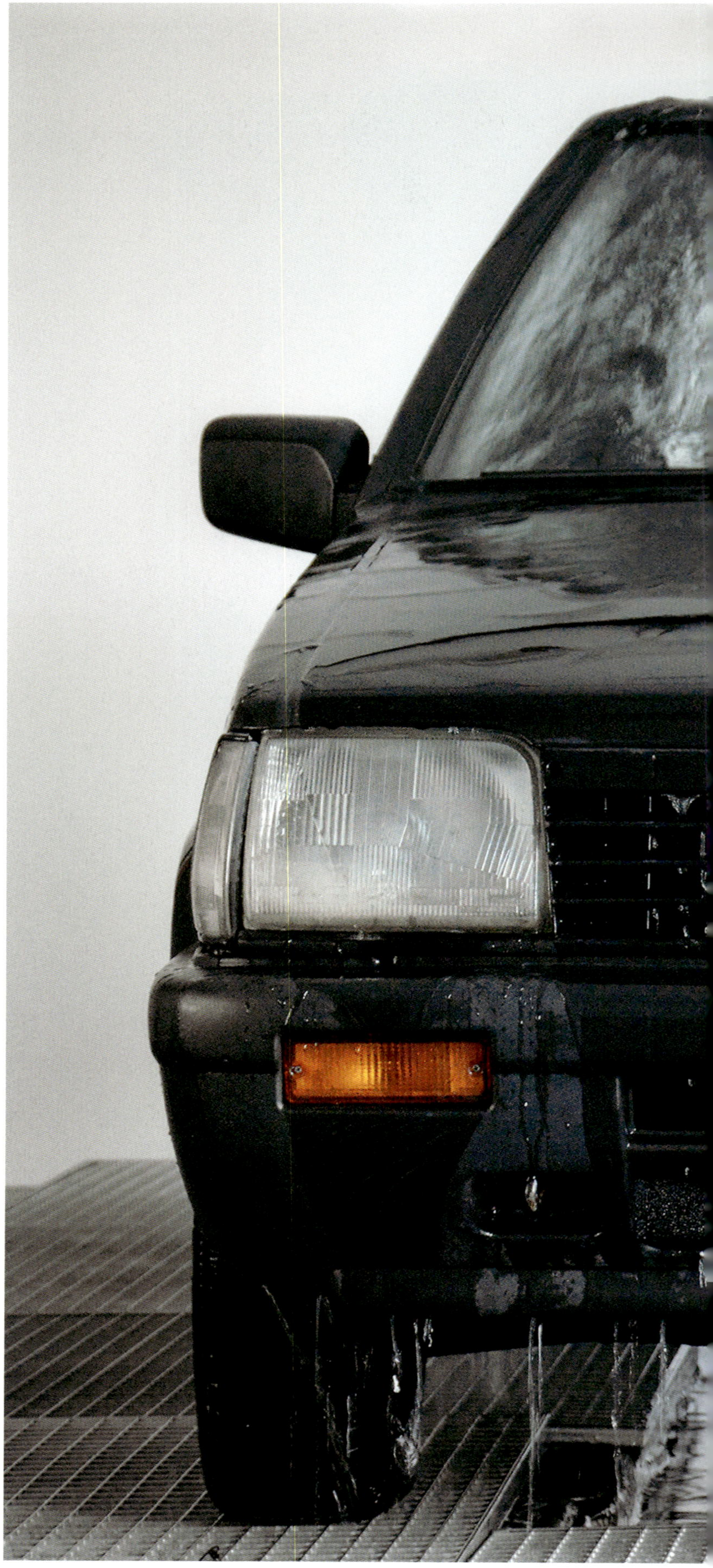

Maximum Power II, 2014

Auto, Holz, Gitterroste, Teichfolie, Pumpe /
car, wood, grating, foil, water pump
150 × 500 × 300 cm

Ausstellungsansichten / installation views
Raum für junge Kunst
Generali Deutschland
Köln 2014

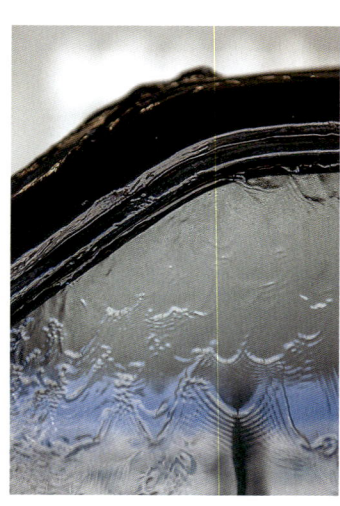
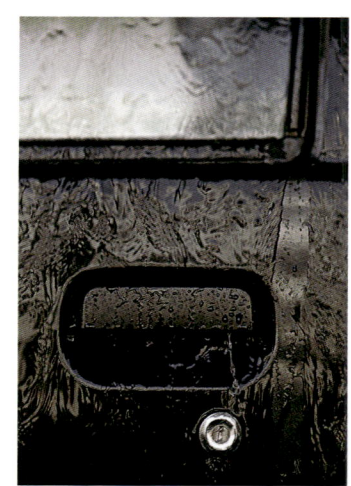

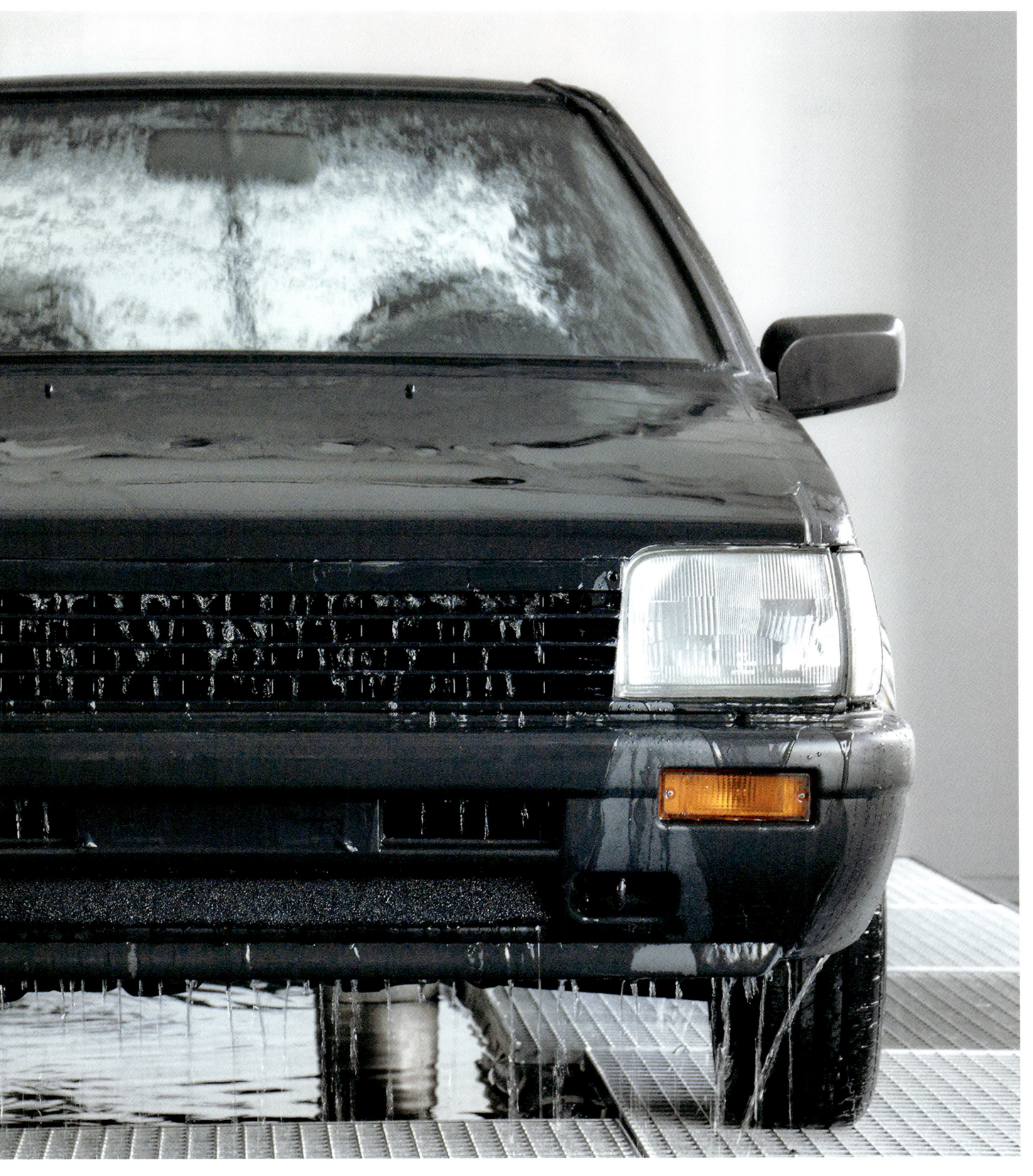

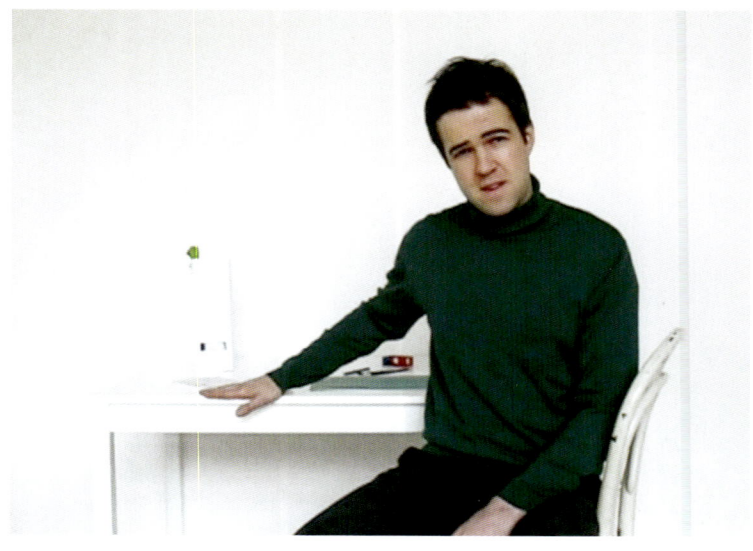 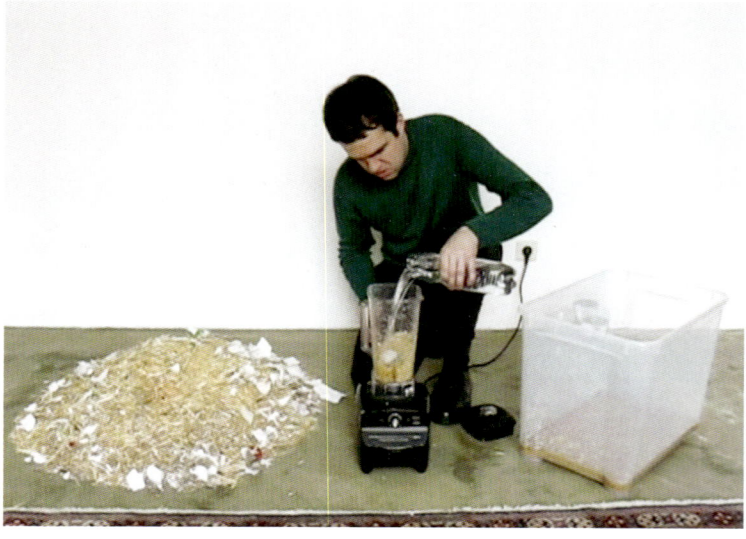

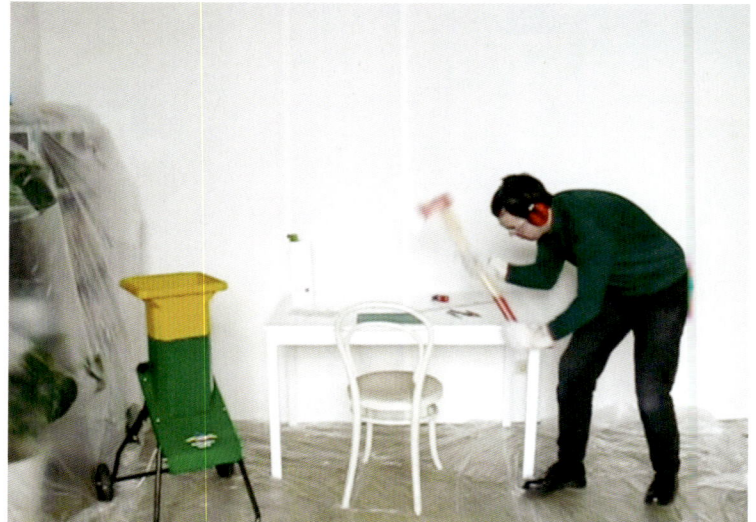 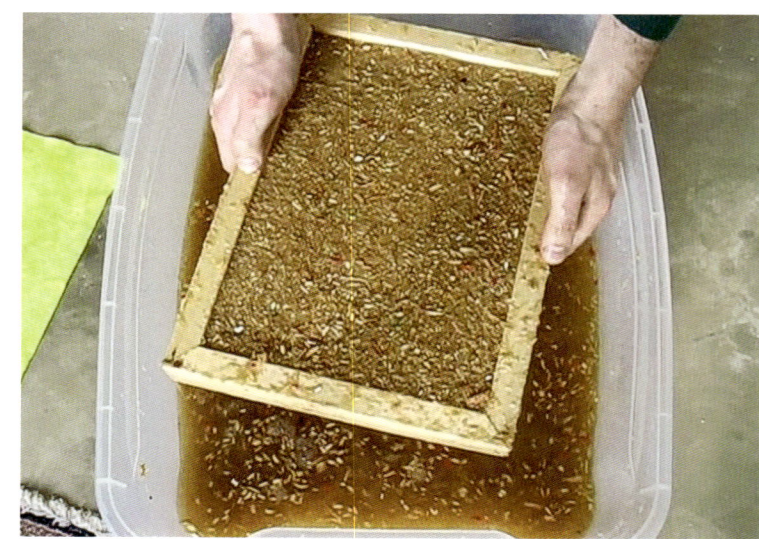

Videostills

*how to turn your work place
into a sheet of paper*, 2018
05:52 min

aus der Tutorial Clip-Serie /
from the tutorial clip series
Today I want to show you…
2012 – fortlaufend / ongoing
Video, Farbe, Ton / video, color, sound

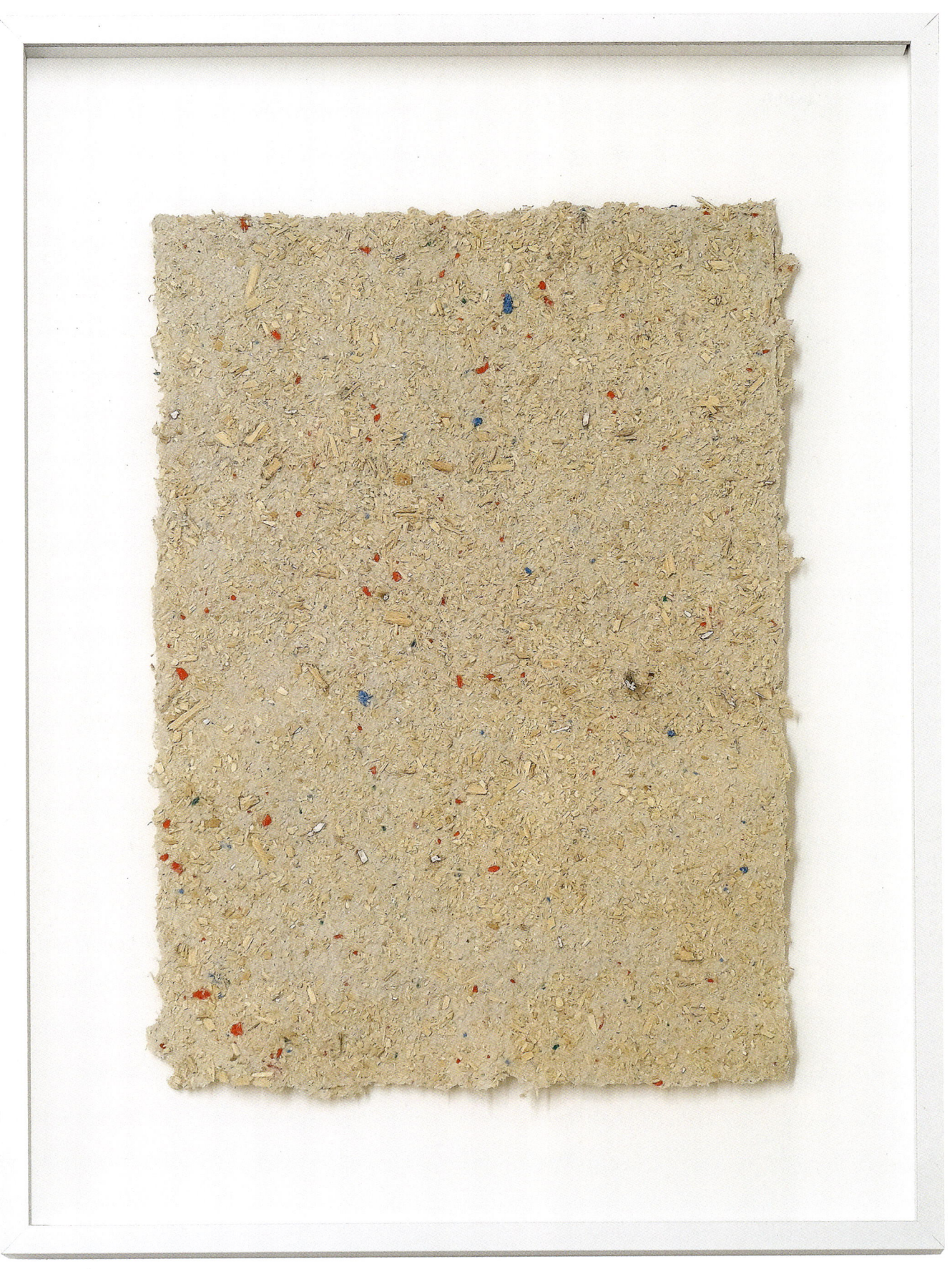

Papersheet, 2018

Handgeschöpftes Papier aus privatem Arbeitsplatz / handmade paper from private workplace
Schreibtisch, Stuhl, Papier, Stifte, Ordner, Schneidematte, Lineal, Tesaroller / desk, chair, paper, pens, folders, cutting mat, ruler, Tesa tape
21 × 29 cm

Papersheets – Self Portrait, 2019
Shirt I Trousers I Shoes

Shirt
Handgeschöpftes Papier aus
eigenem Shirt / handmade paper
from own shirt, 85 × 66 cm

Trousers
Handgeschöpftes Papier aus
eigener Hose / handmade paper
from own trousers, 118 × 57 cm

Shoes
Handgeschöpftes Papier aus
eigenen Schuhen / handmade
paper from own shoes, 45 × 40 cm

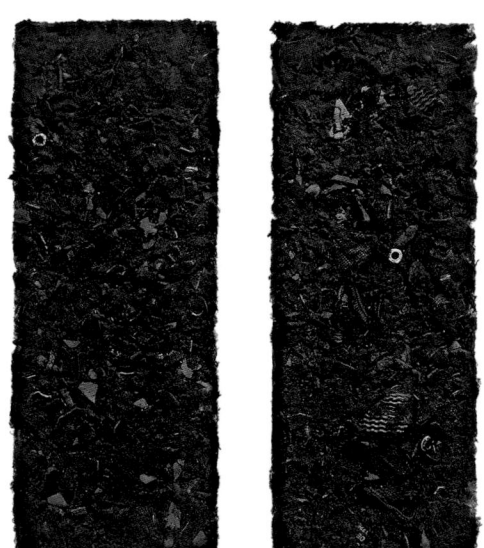

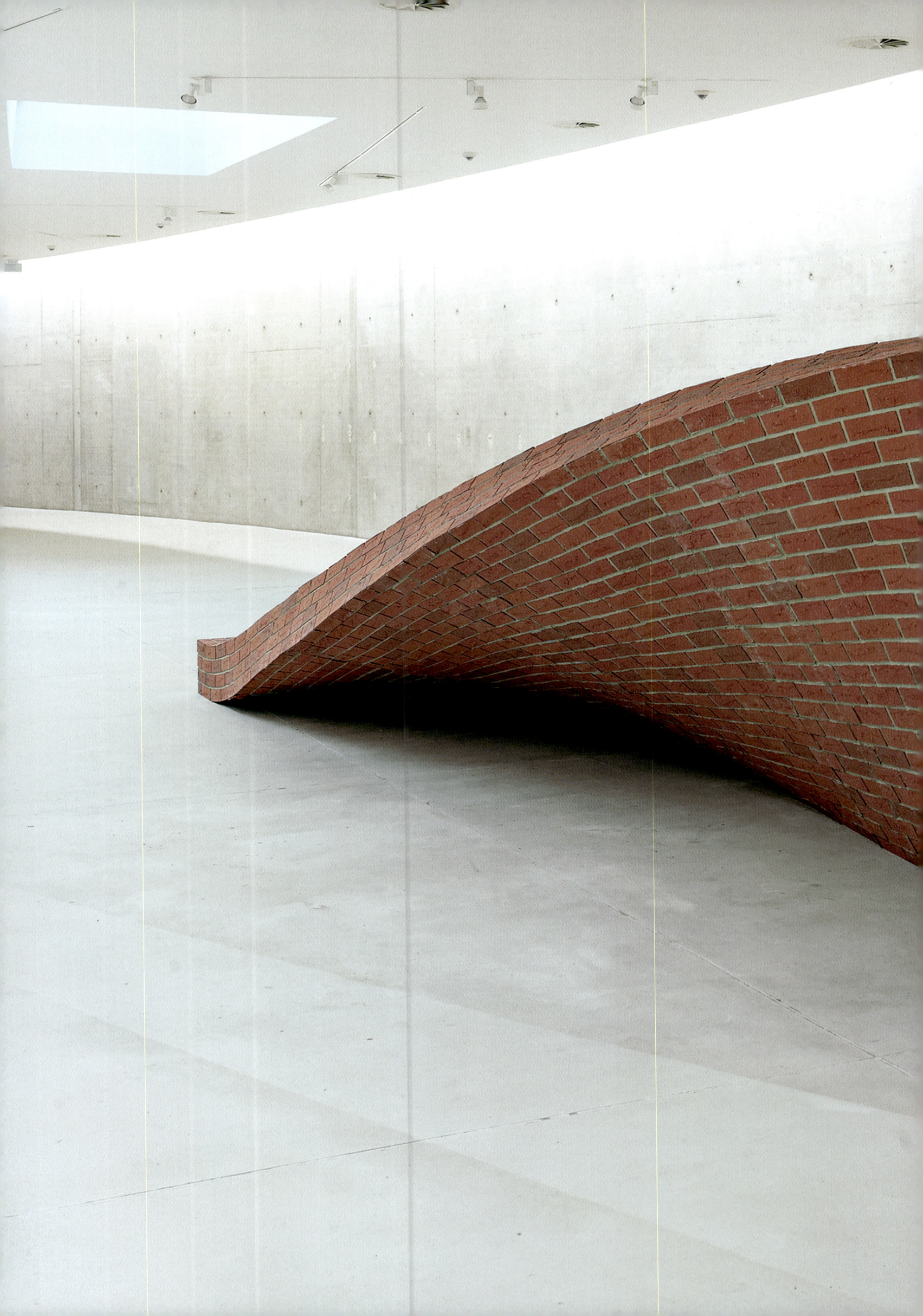

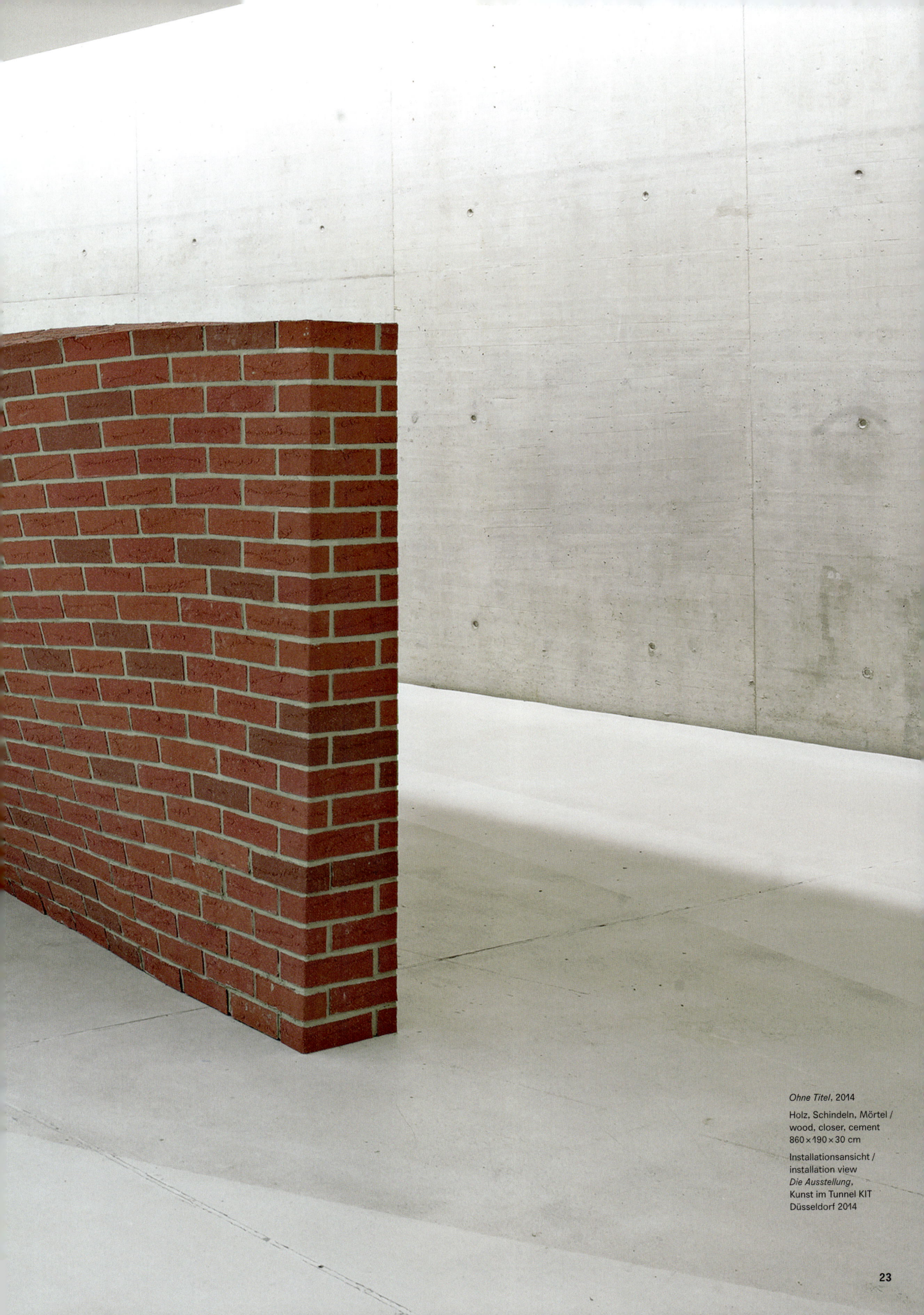

Ohne Titel, 2014
Holz, Schindeln, Mörtel /
wood, closer, cement
860 × 190 × 30 cm

Installationsansicht /
installation view
Die Ausstellung,
Kunst im Tunnel KIT
Düsseldorf 2014

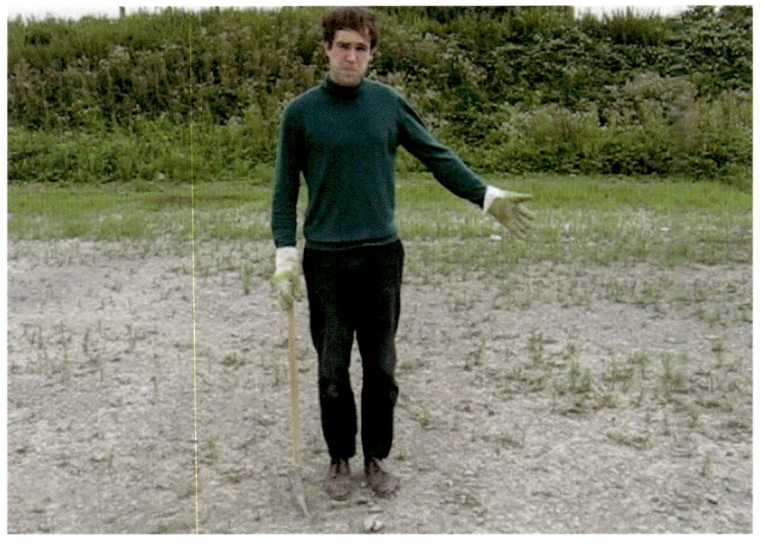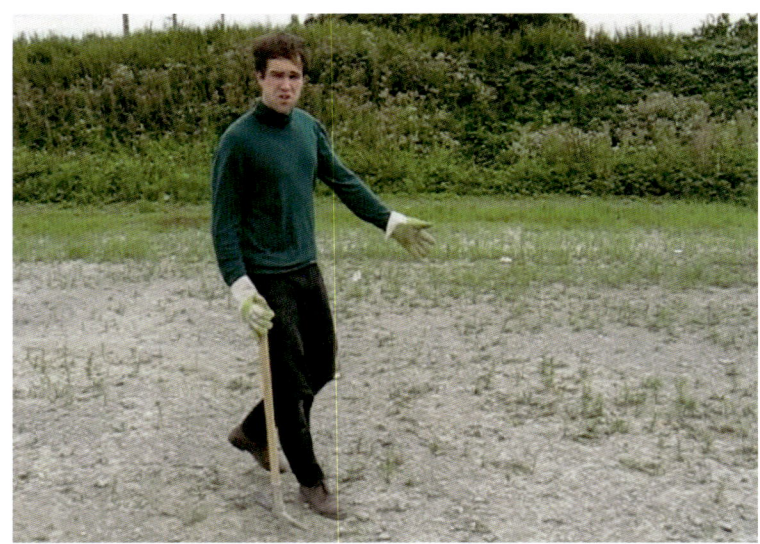
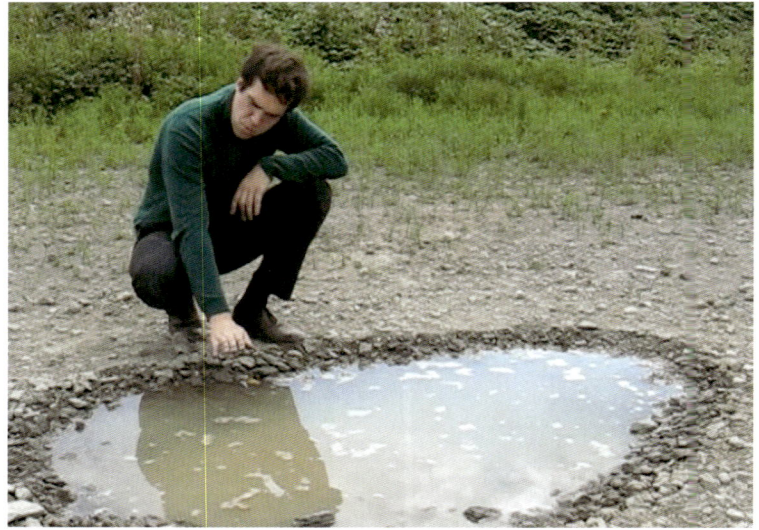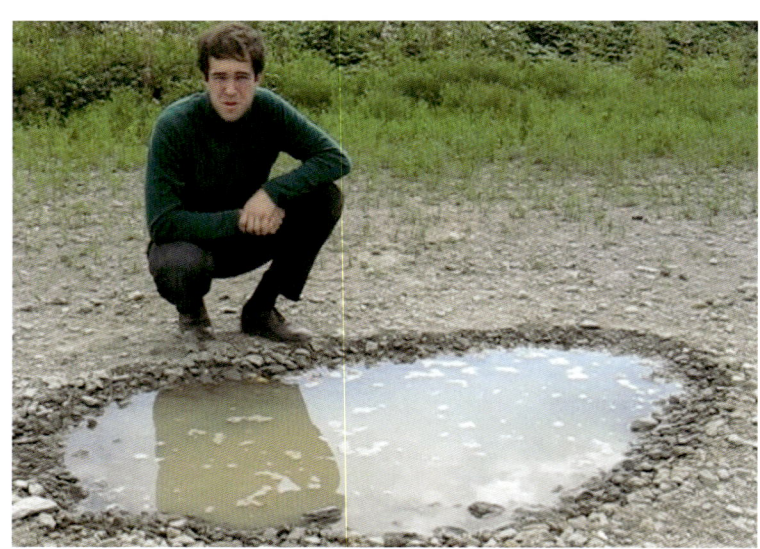

Videostills

permanent puddle, 2014
04:36 min

aus der Tutorial Clip-Serie /
from the tutorial clip series
Today I want to show you…
2012 – fortlaufend / ongoing
Video, Farbe, Ton /
video, color, sound

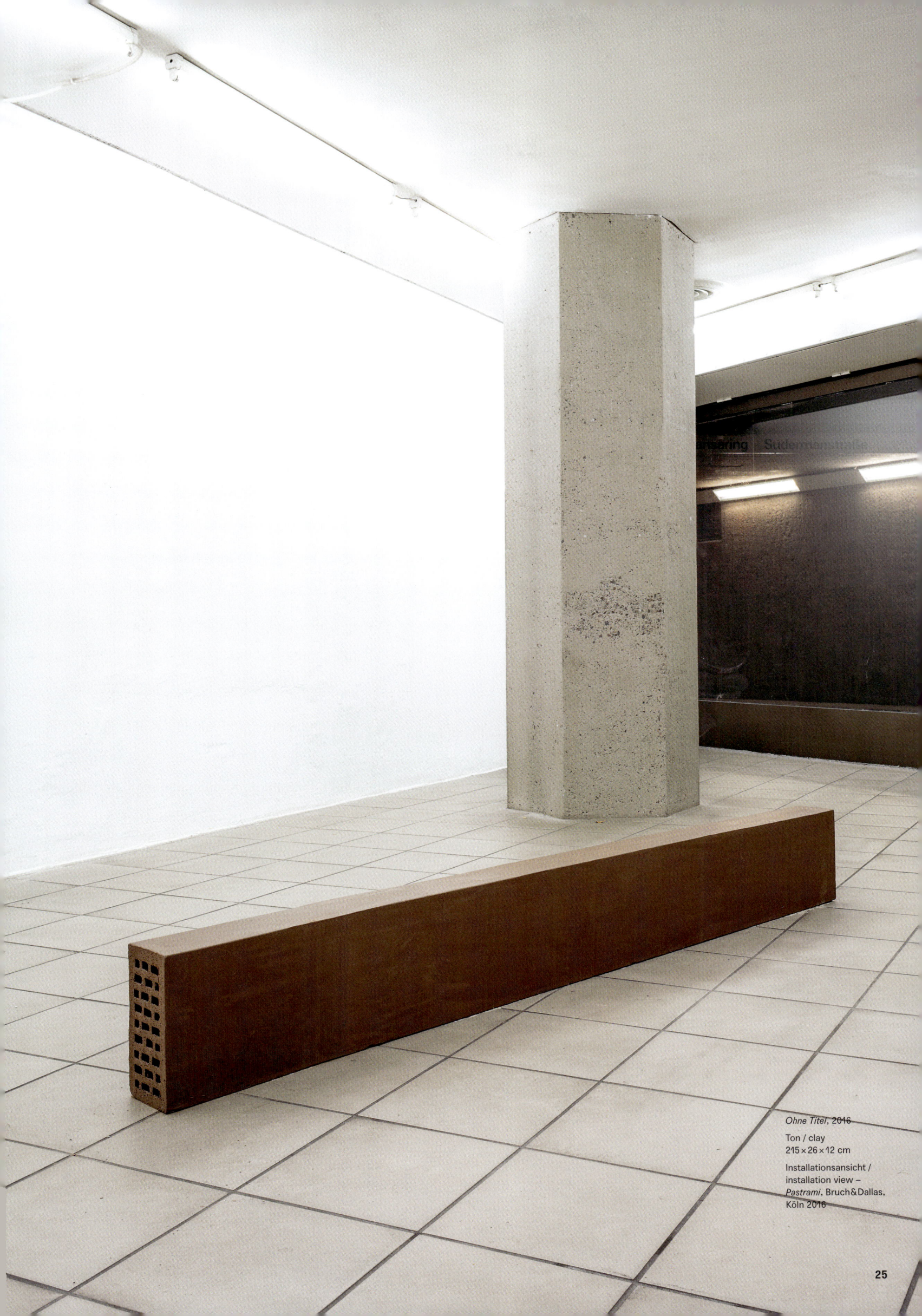

Ohne Titel, 2016
Ton / clay
215 × 26 × 12 cm

Installationsansicht /
installation view –
Pastrami, Bruch & Dallas,
Köln 2016

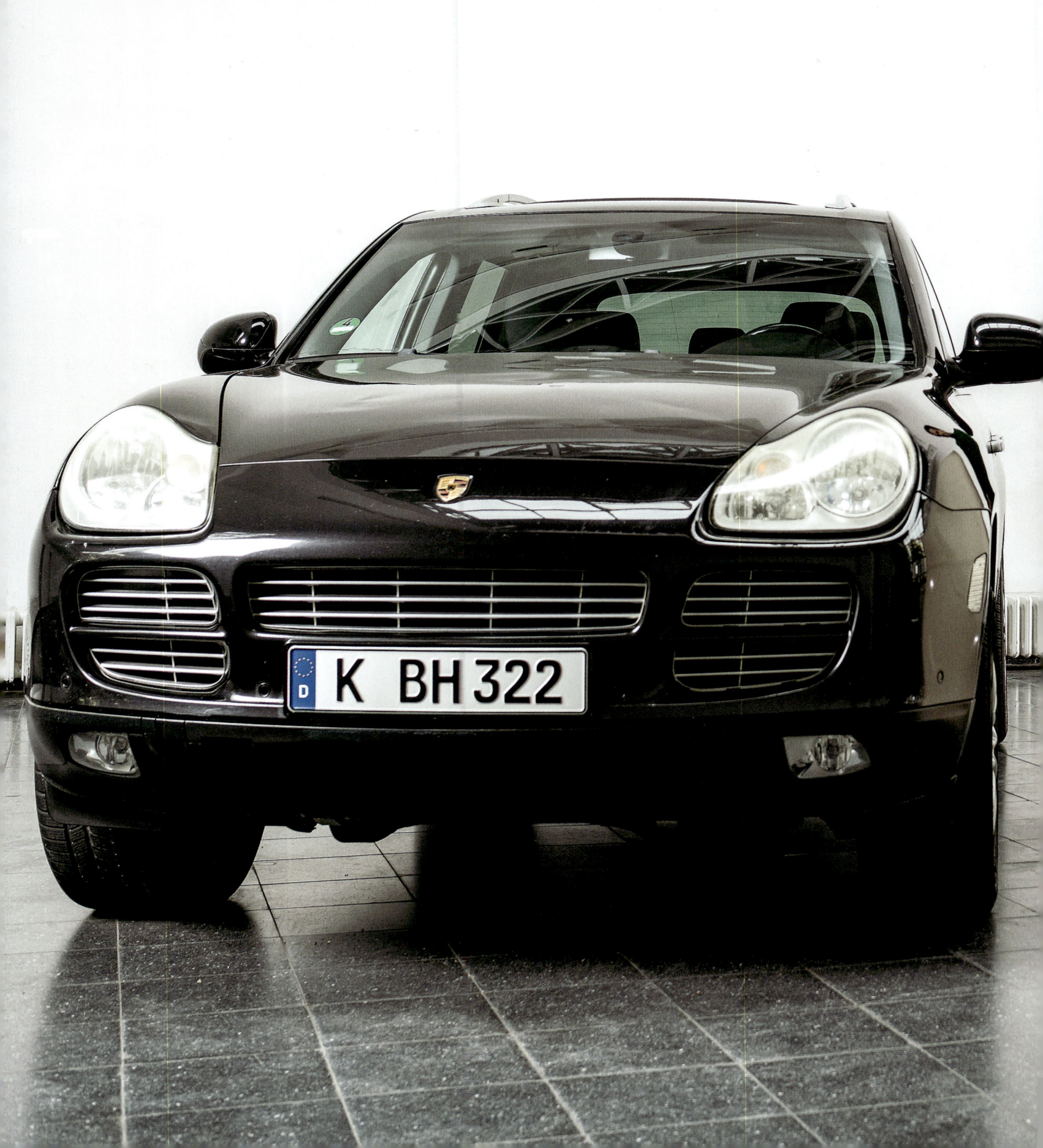

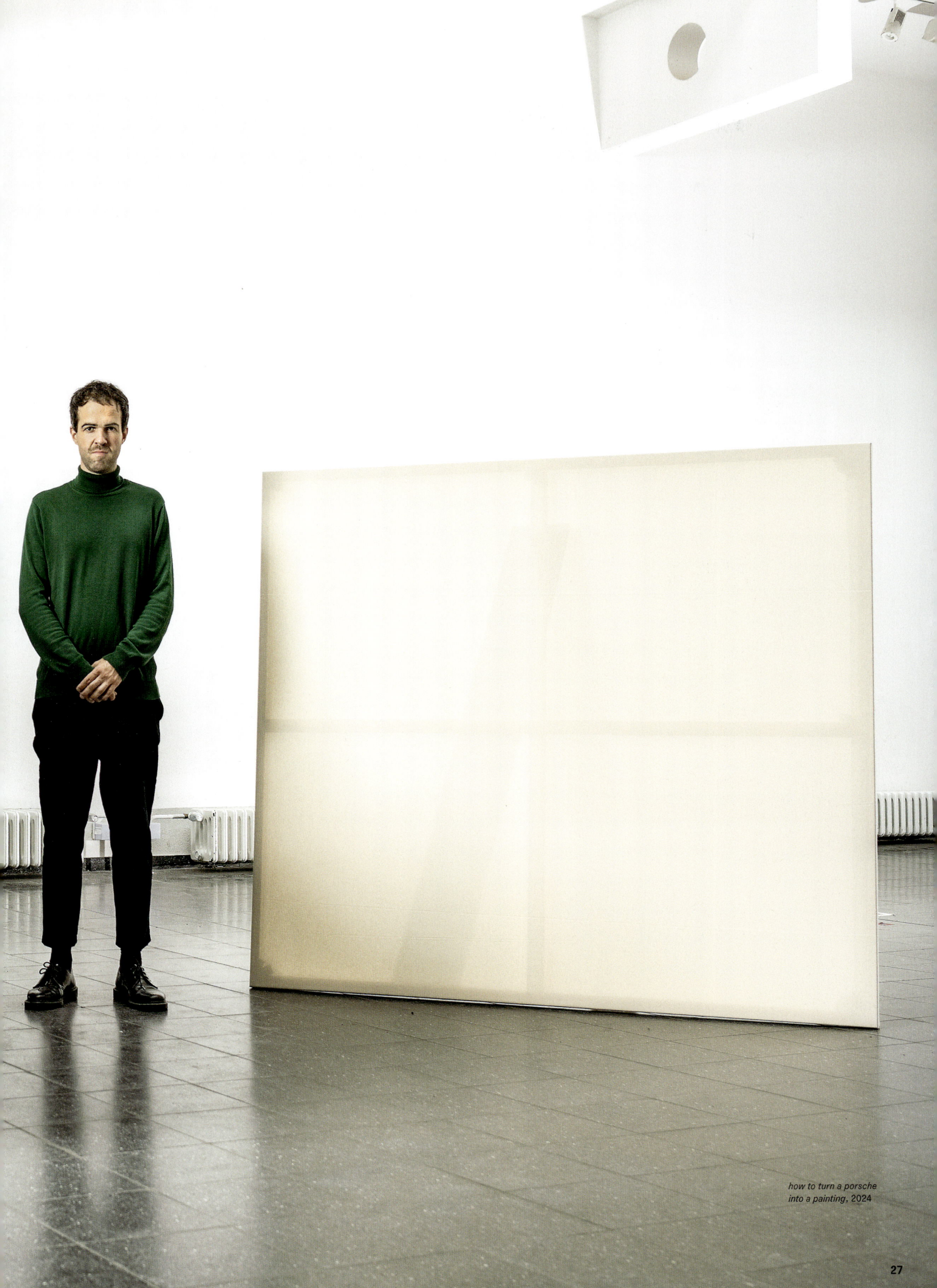

*how to turn a porsche
into a painting, 2024*

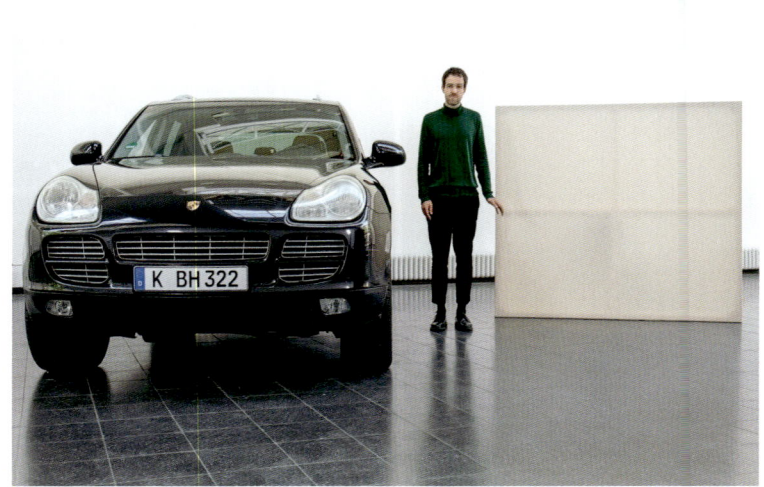

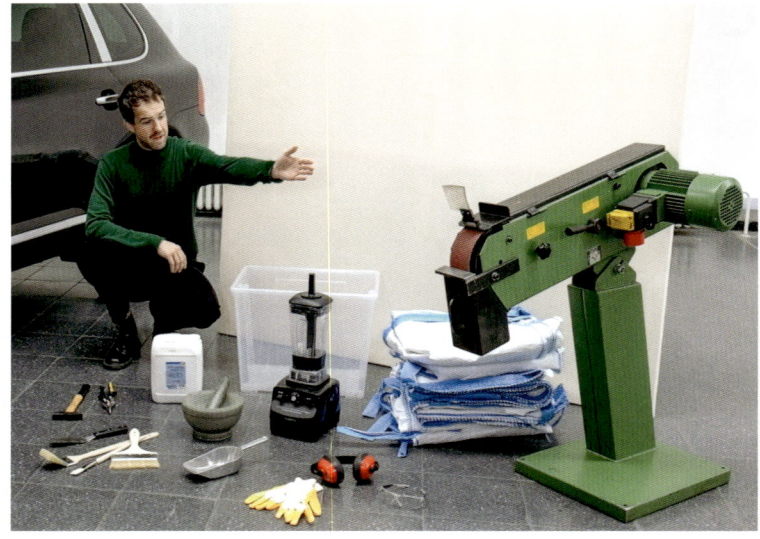

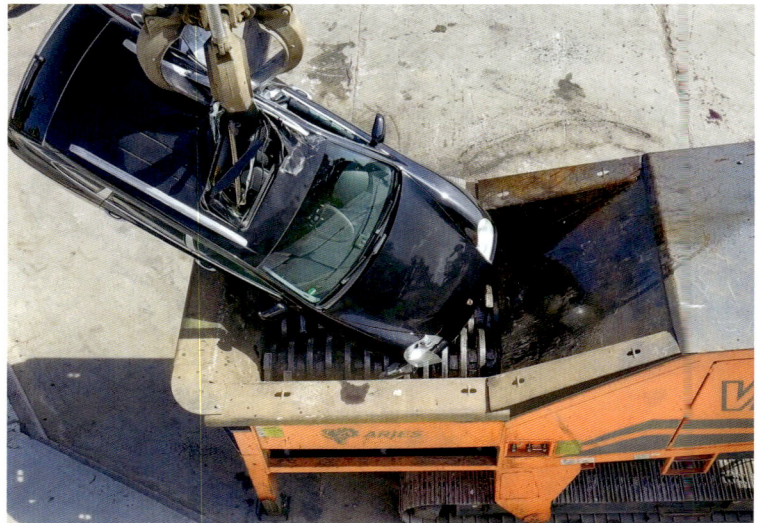

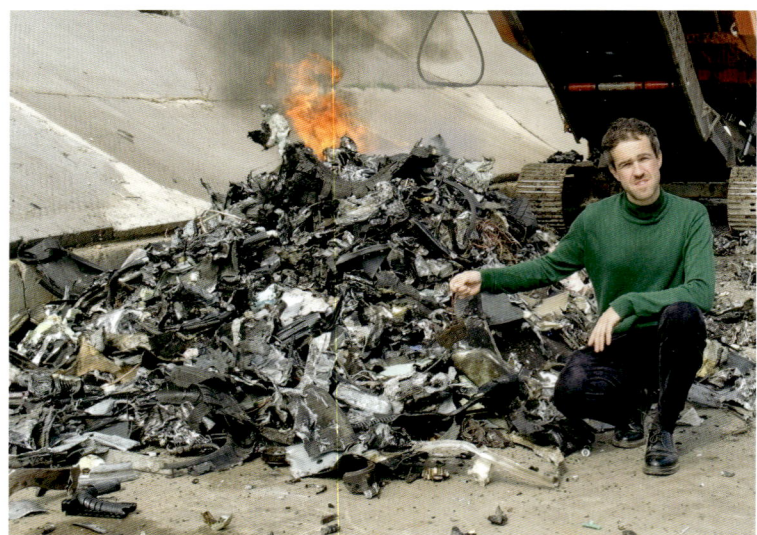

Videostills

how to turn a porsche
into a painting, 2024
8 min

aus der Tutorial Clip-Serie /
from the tutorial clip series
Today I want to show you…
2012 – fortlaufend / ongoing
Video, Farbe, Ton / video, color, sound

Skizze / sketch
how to turn a porsche
into a painting, 2024

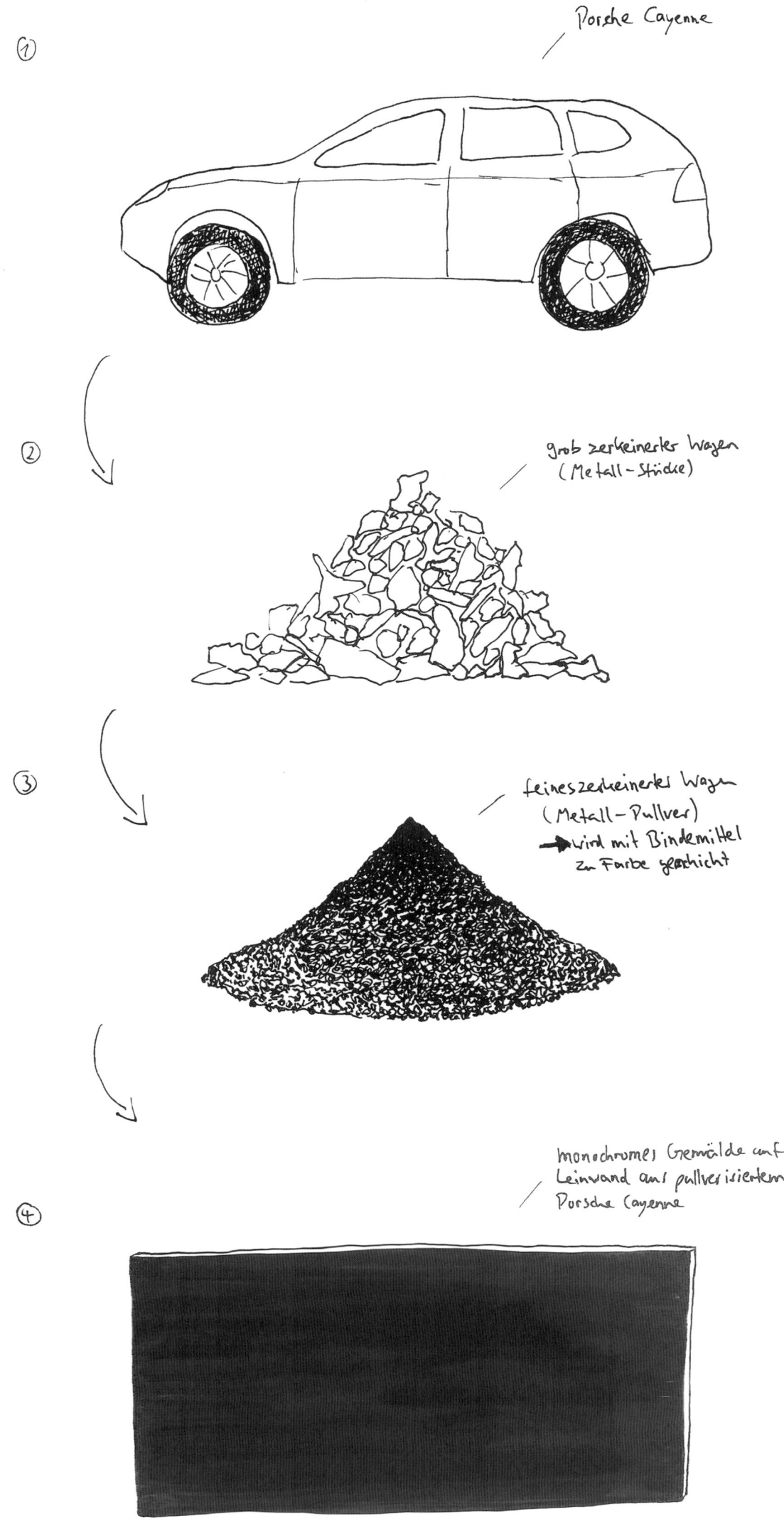

① Porsche Cayenne

② grob zerkleinerter Wagen
(Metall-Stücke)

③ feines zerkleinertes Wagen
(Metall-Pulver)
➜ wird mit Bindemittel
zu Farbe gemischt

④ monochromes Gemälde auf
Leinwand aus pulverisiertem
Porsche Cayenne

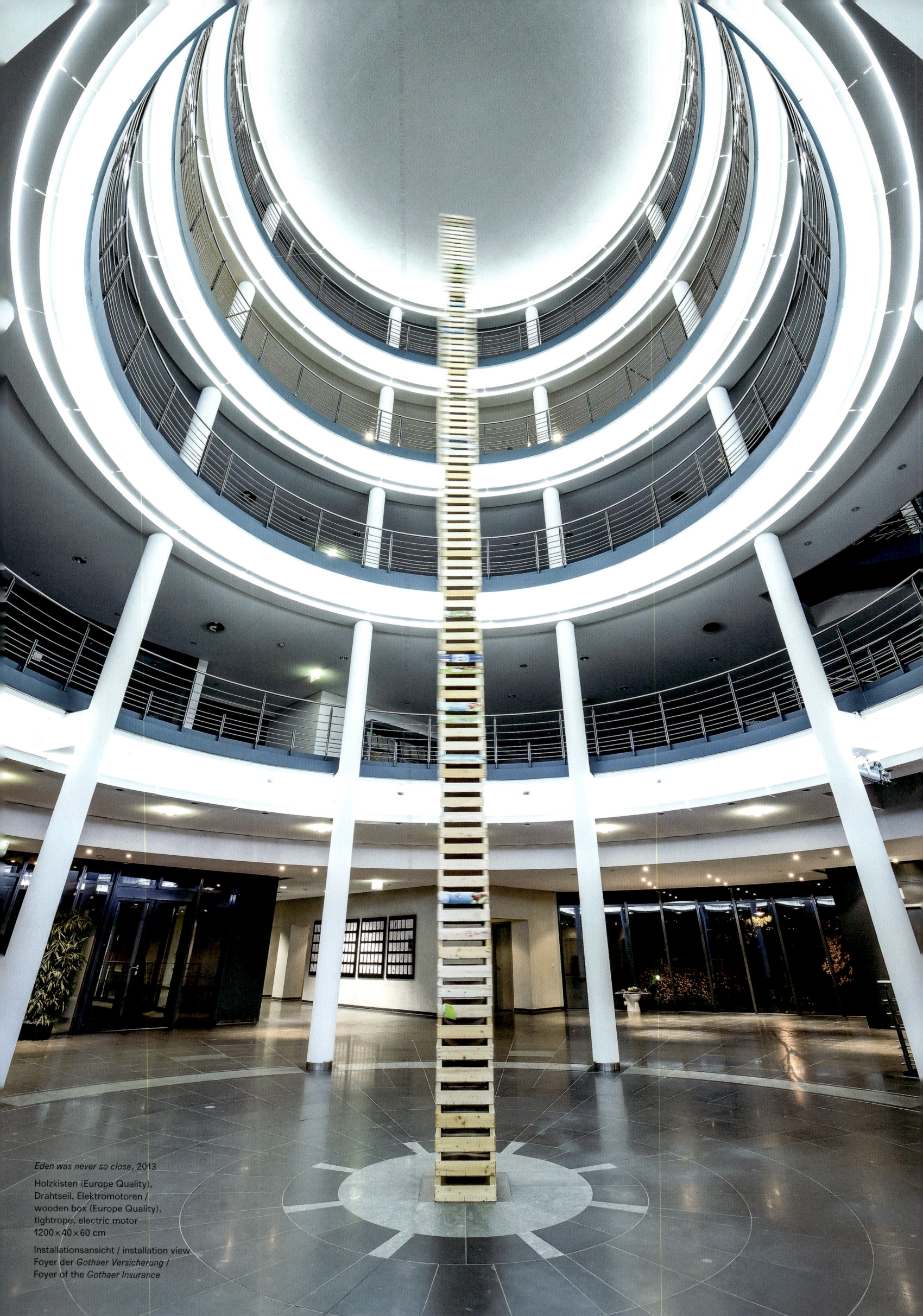

Eden was never so close, 2013

Holzkisten (Europe Quality),
Drahtseil, Elektromotoren /
wooden box (Europe Quality),
tightrope, electric motor
1200 × 40 × 60 cm

Installationsansicht / installation view
Foyer der *Gothaer Versicherung* /
Foyer of the *Gothaer Insurance*

FRAGEN AN BASTIAN HOFFMANN

Das DIY-Format ist aus unserer heutigen Digitallandschaft nicht mehr wegzudenken. Wo früher Betriebsanleitungen gezückt werden mussten, ist gegenwärtig die Befragung von Youtube oder anderen Videoplattform zum Allheilmittel geworden, um schnellstmöglich eine Lösung für herrschende Probleme zu finden. Wie bist du auf das Format aufmerksam geworden? Sofort aus einem künstlerischen Interesse oder zunächst aus alltäglicher Nutzung heraus?

Eher aus einem künstlerischen Interesse, wobei ich natürlich auch im Alltag auf Plattformen wie Youtube nach Lösungen suche. Grundsätzlich arbeite ich in meinen Videos und Skulpturen konzeptuell und ideenbasiert.

In meinem Skizzenbuch entstanden einige Gedankenexperimente und Versuchsanordnungen in Form von Text und Zeichnung, deren Umsetzung in ein dreidimensionales Objekt oder in eine Installation ich weniger interessant fand als dessen Idee bzw. den Gedanken dahinter. Mir stellte sich die Frage, wie ich damit umgehe. Ich beschäftigte mich schon länger mit Tutorials, sodass mir recht schnell klar war, diese in Form der Handlungsanweisung zu vermitteln. Das DIY-Tutorial als aktuelles Medium und Weiterführung der Handlungsanweisung lag dann nahe. Wie du schon sagst, viele schauen sich solche Filme an, um zu erfahren, wie man z. B. einen Tiefkühler enteist, eine Kerze gießt oder ein Omelett brät. Oft geht es aber gar nicht mehr darum, anderen Leuten etwas zu erklären, sondern darum, sein eigenes Ego zu puschen.

Besonders bei Mode- und Schmink-Tutorials. Das alles fand ich interessant. Gleichzeitig streift das Medium Tutorial aber auch Thematiken, die mich als Künstler interessieren und betreffen: Autorschaft, der künstlerische Prozess, Expertise, Scheitern. Bei meinen Tutorials beschreibe ich absurde Vorhaben, gebe Antworten auf Fragen, die keiner gestellt hat. Ich erkläre damit meine Ideen als konzeptioneller Bildhauer.

Deine Arbeiten leben davon, auf den Prozess ihrer Entstehung hinzuweisen. Wie detailliert planst du diese Prozesshaftigkeit? Spielt der Zufall für dich eine Rolle oder versuchst du ihn auszublenden?

Der Zufall spielt bei der Entwicklung oder Findung neuer Arbeiten eine Rolle, das würde ich schon sagen. Sobald es jedoch um die Umsetzung geht, experimentiere ich sehr bewusst und plane ziemlich detailliert, um das herauszuarbeiten, was mir wichtig ist. Da geht es um den Umgang mit Material, Proportion und die Frage, warum das eine besser funktioniert und das andere eben nicht. Das passiert permanent.

Der Fokus bei der Videoserie liegt darauf, eine klare und gut verständliche Anleitung zu geben, die in Konkurrenz zu anderen Tutorials im Netz steht. Daher folge ich formal und in der Umsetzung dem Diktat der DIY-Szene: selbst filmen, einfaches Filmequipment – wenn möglich homemade, meist in der Küche, englische Sprache. Ich trage immer dasselbe Outfit und versuche, recht unaufgeregt und seriös zu vermitteln. Die Materialien besorge ich meist in dreifacher Ausführung, um alles vorab zu testen und durchzuspielen. Das ist schon recht durchchoreografiert.

Deine Tutorials lassen des Öfteren unweigerlich die Frage aufkommen, wie sinnvoll ihr dargestelltes Handeln wirklich ist. Sind Dilettantismus und Nonkonformismus Teil deiner künstlerischen Identität? Auf was versuchst du mit dieser gegensätzlichen Handhabe aufmerksam zu machen?

In der scheinbar unsinnigen Handlung kann eine besondere Qualität liegen. Mich interessieren Alltagsphänomene und Gegenstände als Prototypen, die selten hinterfragt werden, letztendlich aber total entscheidend sind für unsere Lebenswirklichkeit. Ein Stein, eine Mauer oder eine Pfütze strahlen eine gewisse Grundehrlichkeit aus; mit diesen Objekten verbindet jeder etwas. Indem ich diese manipuliere, besteht die Möglichkeit, wiederum auf größere Zusammenhänge zu verweisen. Durch diese kleinen Eingriffe und Manipulationen entstehen oft paradoxe Situationen. Paradoxie ist ja oft mit Humor verbunden, da etwas Unerwartetes eintritt, aber wiederum zu einer Erkenntnis führen kann. Diese Momente liegen oft in meinen Arbeiten.

Viele deiner Werke haben monumentale Ausmaße angenommen. Denke ich an dein *Mauerwerk* („Ohne Titel", 2014) oder *Eden was never so close* (2013) – der aus Obstkisten geschaffene schwankende Turm in der Eingangshalle einer deutschen Versicherung – werden die Arbeiten für mich zunächst von Zielstrebigkeit und Produktivität geleitet. Zugleich zeigst du dem Betrachtenden aber auch einen Moment, an dem alles, was zuvor geschaffen wurde, zusammenzubrechen droht. Spielen deine Arbeiten mit dem überheblichen Glauben des Menschen, alles schaffen zu können? Versuchst du mit deiner Kunst bewusst, Grenzen auszuloten?

Bei den Arbeiten, die du ansprichst, ergeben sich die Formate von selbst. Da muss ein Turm oder eine Mauer schon eine gewisse Höhe haben, um als solche zu funktionieren und damit all seine Facetten wie Höhe, Statik und die damit verbundene Erhabenheit aber auch Bedrohungspotenzial gewinnen. Erst dann ergibt es für mich Sinn.

Eden was never so close z. B. entstand durch eine Einladung, eine neue Arbeit in einem Versicherungsgebäude zu realisieren. Da lag es für mich schon sehr nahe, die Besonderheiten vor Ort zu nutzen und inhaltlich wie auch formal Grenzen auszuloten. Der schwankende, zwölf Meter hohe Turm war im Foyer der Versicherung zu sehen, einem besonders sensiblen und gesicherten Ort, an dem täglich über 2000 Mitarbeitende u. a. Schadensregulierungen bearbeiten. Hier sind das Publikum und auch der Raum wichtig und Teil des Settings. In diesem Fall war der Ort so speziell, dass ich eine Qualität darin sah, darauf zu reagieren.

Der Ausstellungstitel *Radical Negation* bezieht sich in überspitzter Formulierung auf ein Verhalten, das der Mensch perfektioniert hat. Immer wieder beobachten wir in der Geschichte, aber auch in unserer Gegenwart, wie der über allem liegende Drang nach Produktivität und damit einhergehender Sinnhaftigkeit jeglichen Nonkonformismus negiert. Als würde die Dreiteilung von These, Antithese und Synthese nur aus der These bestehen, beharrt ein solches Verhalten immerwährend auf seinem Standpunkt und generiert letztendlich das, was als „Schwarz-Weiß-Denken" bezeichnet wird.

Wie siehst du deine Arbeiten und insbesondere dich als Künstler mit diesem Ausstellungstitel konfrontiert?

Als Künstler nutze ich die Freiheit, im Schaffensprozess die „Sinnhaftigkeit" und Produktivität einer Tat auszublenden und Kompromisse zu umgehen. Steine, Autos und Pfützen können so zu Gegenständen der Analyse sowie der Reflexion werden, fernab jeglichen Strebens nach Produktivität, Effizienz und Wirtschaftlichkeit. Die letztendlichen Arbeiten sind dann Produkte dieser experimentellen Suche nach den unbekannten Möglichkeitsformen eines Gegenstandes oder eines Gedankens.

So zermalme ich gerade händisch und mit einfachsten Mittel einen Porsche Cayenne zu Pigment, aus dem eine streichbare Farbe entsteht, die die Grundlage für großflächige Malereien gibt. Hier steht natürlich Aufwand und Ergebnis, sagen wir mal, in einem „suboptimalen Verhältnis". Gleichzeitig verweist es genau dadurch auf größere Zusammenhänge unserer Zeit. Sobald es um die Realisierung solcher Arbeiten geht, ist es für mich am Ende jedoch immer ein Ausloten zwischen eigener Produktivität sowie dem Abgleich mit der Realität und den Mechanismen und Bedürfnissen unserer Zeit.

Die Fragen stellte Alexander Leinemann.

QUESTIONS FOR BASTIAN HOFFMANN

The DIY format has become an integral part of today's digital landscape. Where previously operating instructions had to be pulled out, nowadays consulting YouTube or other video platforms has become the panacea for finding a solution to prevailing problems as quickly as possible. How did you become aware of the format? Immediately from an artistic interest or initially from everyday use?

More out of an artistic interest, although of course I also look for solutions in everyday life on platforms such as YouTube. Basically, I work conceptually and idea-based in my videos and sculptures.

In my sketchbook, I created some thought experiments and experimental arrangements in the form of text and drawings, which I found less interesting to realise in a three-dimensional object or an installation than the idea or the thought behind it. The question arose as to how I should deal with this. I had been working with tutorials for some time, so I quickly realised that I wanted to convey them in the form of instructions. The DIY tutorial as a current medium and continuation of the instructions was then an obvious choice. As you say, many people watch such films to learn how to defrost a freezer, pour a candle or fry an omelette, for example. Often, however, it's no longer about explaining things to other people, but about boosting your own ego.

Especially with fashion and make-up tutorials. I found all of that interesting. At the same time, the tutorial medium also touches on topics that interest and concern me as an artist: Authorship, the artistic process, expertise, failure. In my tutorials, I describe absurd projects, answers to questions that nobody has asked. I use them to explain my ideas as a conceptual sculptor.

Your works thrive on pointing out the process of their creation. How detailed do you plan this processuality? Does chance play a role for you or do you try to ignore it?

I would say that chance plays a role in the development or discovery of new works. However, as soon as it comes to realisation, I experiment very consciously and plan in great detail in order to work out what is important to me. It's about dealing with materials, proportions and the question of why one thing works better than another. That happens all the time.

The focus of the video series is to provide clear and easy-to-understand instructions that compete with other tutorials on the internet. That's why I follow the dictates of the DIY scene in terms of form and realisation: filming myself, simple film equipment – if possible homemade, mostly in the kitchen, English language. I always wear the same outfit and try to convey my message in an unagitated and serious manner. I usually buy the materials in triplicate so that I can test and play through everything in advance. It's quite choreographed.

Your tutorials often raise the inevitable question of how meaningful the actions they depict really are. Are dilettantism and non-conformism part of your artistic identity? What are you trying to draw attention to with this contradictory approach?

There can be a special quality in seemingly nonsensical actions. I am interested in everyday phenomena and objects as prototypes that are rarely scrutinised, but are ultimately totally decisive for the reality of our lives. A stone, a wall or a puddle radiate a certain basic honesty; everyone associates something with these objects. By manipulating them, I have the opportunity to refer to larger contexts. These small interventions and manipulations often create paradoxical situations. Paradox is often associated with humour, as something unexpected occurs, but can in turn lead to an insight. These moments are often found in my work.

Many of your works have taken on monumental proportions. When I think of your *mural* ("Untitled", 2014) or *Eden was never so close* (2013) – the swaying tower created from fruit crates in the entrance hall of a German insurance company – the works are initially characterised by determination and productivity. At the same time, however, you also show the viewer a moment when everything that has been created beforehand threatens to collapse. Do your works play with people's arrogant belief that they can create anything? Are you consciously trying to push the boundaries with your art?

In the works you mention, the formats are self-evident. A tower or a wall has to have a certain height in order to function as such and to achieve all its facets such as height, statics and the associated sublimity but also threat. Only then does it make sense to me. *Eden was never so close*, for example, came about through an invitation to realise a new work in an insurance building. It made sense for me to utilise the special features of the location and to explore the boundaries in terms of content and form. The swaying, twelve metre high tower could be seen in the foyer of the insurance company, a particularly sensitive and secure place where over 2000 employees process claims settlements every day. Here, the audience and the space are important and part of the setting. In this case, the location was so special that I saw a quality in reacting to it.

The exhibition title *Radical Negation* refers in an exaggerated formulation to a behaviour that humans have perfected. Time and again in history, but also in our present day, we observe how the overriding urge for productivity and the meaningfulness that goes with it negates all non-conformism. As if the tripartite division of thesis, antithesis and synthesis consisted only of the thesis, such behaviour perpetually insists on its point of view and ultimately generates what is referred to as "black and white thinking". How do you see your work and especially yourself as an artist confronted with this exhibition title?

As an artist, I utilise the freedom to ignore the "meaningfulness" and productivity of an act in the creative process and to avoid compromises. Stones, cars and puddles can thus become objects of analysis and reflection, far removed from any striving for productivity, efficiency and economy. The final works are then products of this experimental search for the unknown possibilities of an object or a thought.

For example, I am currently grinding a Porsche Cayenne into pigment by hand and with the simplest of means to create a brushable colour that forms the basis for large-scale paintings. Here, of course, the effort and result are, let's say, in a "sub-optimal relationship". At the same time, this is precisely where it points to the larger contexts of our time. As soon as it comes to the realisation of such works, however, for me it is ultimately always a question of sounding out my own productivity and comparing it with reality and the mechanisms and needs of our time.

The questions were asked by Alexander Leinemann.

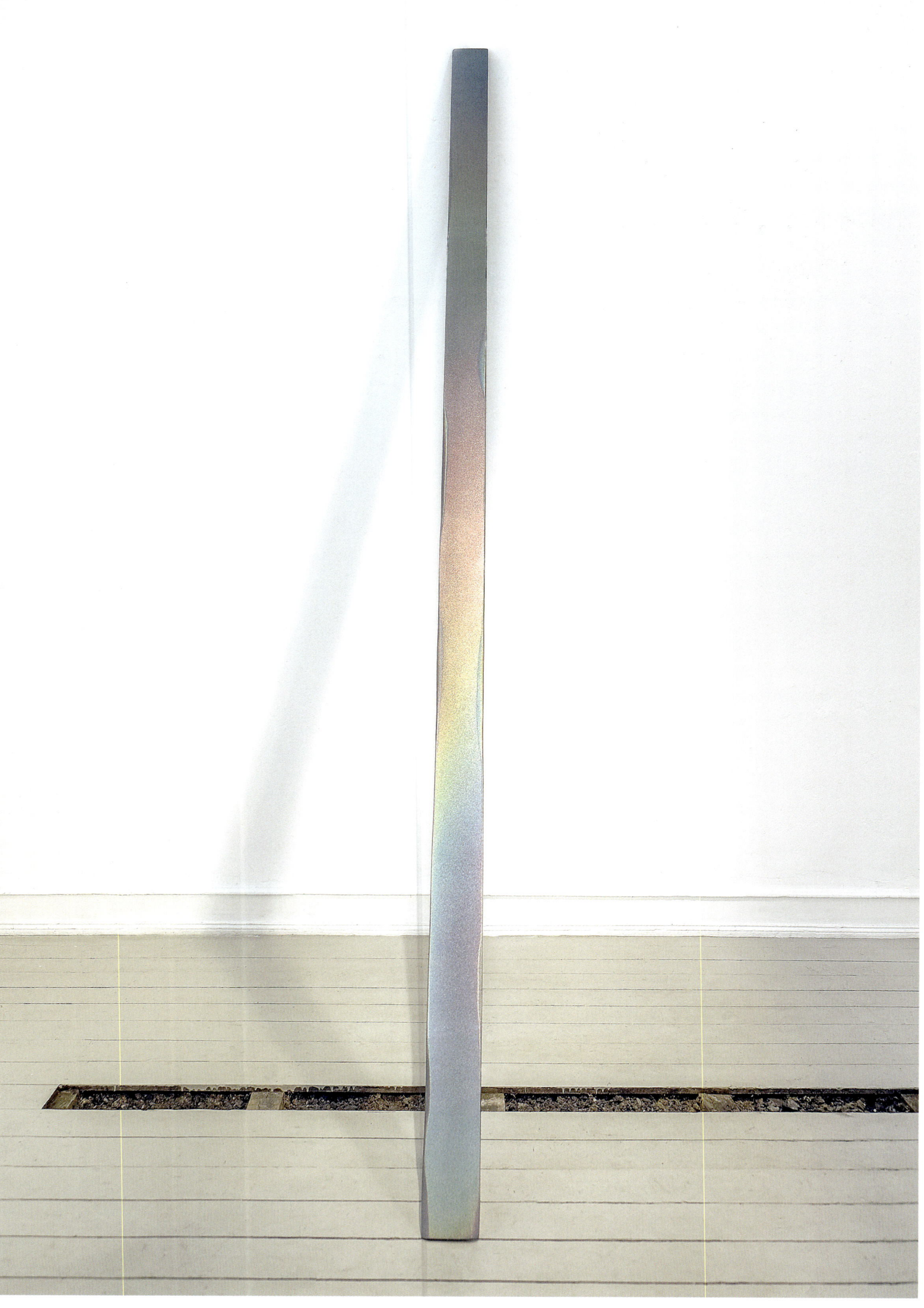

BASTIAN HOFFMANN

1983 geboren / born in Frankfurt a. M., lebt und arbeitet in Köln / lives and works in Cologne

Studium / Education

2012–2015 Kunsthochschule für Medien Köln / Academy of Media Arts Cologne, Abschluss mit Auszeichnung / graduation with honors, Prof. Mischa Kuball und / and Prof. Johannes Wohnseifer

2013–2015 Kunstakademie Düsseldorf / Art Academy Düsseldorf, Gaststudent / guest studies, Prof. Thomas Grünfeld

Einzel-Doppelausstellungen (Auswahl) / Solo-Double Exhibitions (selection)

2024 Sprengel Museum Hannover x feinkunst

2019 pas de deux, Strizzi (mit / with Rozbeh Asmani), Köln / Cologne

2018 MOFF Release, Edition Präsentation, ART COLOGNE

2017 Museum Ostwall im Dortmunder U, MO-Kunstpreis / MO-Art Award

2017 AIR, Mur Brut 09, Kunsthalle Düsseldorf

2016 Pastrami, Bruch & Dallas, Köln / Cologne

2016 Video des Monats / Video of the month, Hartware Medien Kunstverein HMKV, Dortmund

2015 How To, SSZ-Sued, Köln / Cologne

2014 Generali Deutschland, EG Null – Raum für junge Kunst, Köln / Cologne

Gruppenausstellungen (Auswahl) / Group Exhibitions (selection)

2024 Kunst Leben Kunst – Sammlungs- präsentation / Collection Presentation, Museum Ostwall, Dortmund

2023 Papier & Klang by Haus des Papiers, Willy Brandt Haus, Berlin

2022 Panta Rhei – 150 Jahre RheinEnergie, Köln / Cologne

2021 Ende Neu, KINDL – Zentrum für Zeit- genössische Kunst / Centre for Con- temporary Art, Berlin

2021 Kunstmuseum Villa Zanders, Bergisch Gladbach

2020 Video Works, Kubus / Situation Kunst, Bochum

2019 Kinetic Machines, Kunstverein Krefeld & Kunstverein Mönchengladbach

2019 Lust der Täuschung, Ludwig Forum Aachen

2017 Kunstpreis junger westen / Artprize 'junger westen', Kunsthalle Reckling- hausen

2017 New Talents Biennale – Kunsthaus NRW

2016 Flux Factory, New York, USA

2016 EMAF, European Media Art Festival, Osnabrück

2015 Ausweitung der Lernzone, Kunsthalle, Berlin Weißensee

2015 V2_Institute for the Unstable Media, Rotterdam, Niederlande / Netherlands

2014 Die Ausstellung, Kunst im Tunnel (KIT), Düsseldorf

Preise / Awards

2017 MO-Kunstpreis / MO-Art Award, Museum Ostwall, Dortmund

2016 Förderpreis Skulptur / Sculpture Award, Diakonie Michaelshoven, Köln / Cologne

2015 Förderpreis des Landes Nordrhein- Westfalen für junge Künstlerinnen und Künstler / Award of the State of North Rhine-Westphalia for young artists

Stipendien / Grants

2023 Kunstfond, Neustart Kultur – Arbeits- stipendium / work grant

2022 Kunstfond, Sonderförderprogramm / special support programme

2021 BBK, Projektförderung / project funding

2021 Recherche- und Arbeitsstipendium Bildende Kunst der Stadt Köln / research and work grant for visual arts from the city of Cologne

2020 Kunststiftung NRW, Projektförderung / project funding

2016 Kunstfond, Arbeitsstipendium / work grant

2016 Artist in Residence, Flux Factory, New York, USA

2016 DAAD-Stipendium / scholarship of the DAAD-New York, USA

2006 International Scholarship (ERASMUS), Facultade de Belas Artes, Universidade de Lisboa, Portugal

Werke in öffentlichen Museen und Sammlungen / Works in public museums and collections

Museum Ostwall, Dortmund

Kunstmuseum Villa Zanders, Bergisch Glad- bach

Kulturamt Köln / Cologne cultural office

Ministerium für Wirtschaft des Landes NRW / Ministry of Economic Affairs of the State of North Rhine-Westphalia

Maximum Power, 2019

Holzlatte, Autolack / wooden slat, automotive lacquer 340 × 12 × 1,8 cm

Installationsansicht / installation view *pas de deux*, Strizzi, Köln 2020

Impressum / Colophon

Der Katalog erscheint anlässlich der Ausstellung / The catalogue is published on the occasion of the exhibition:

Bastian Hoffmann – Radical Negation
13. April 2024 bis 23. Juni 2024 /
April 13, 2024 to June 23, 2024

Kurator / Curator
Alexander Leinemann

Herausgeber / Editor
Alexander Leinemann

Konzeption / Concept
Alexander Leinemann, Bastian Hoffmann

Gestaltung / Design
Jan van der Most

Text
Reinhard Spieler, Alexander Leinemann, Bastian Hoffmann

Übersetzungen / Translation
Klara von Lindern

Fotonachweis / Photo Credits
Alle Fotos von Bastian Hoffmann,
sofern nicht anders gekennzeichnet /
All photos taken by Bastian Hoffmann
unless indicated otherwise:
© VG Bild-Kunst, Bonn 2024

Alexander Basile: 26, 27; Michael Heym: 16; Sven Kirchenbauer: 16 unten / bottom; Alwin Lay: 21, 22; Martin Plüddemann: 25; Johannes Post: 30; Anna Siggelkow: 7, 14, 15; Carlotta Verweyen: 37

Gesamtherstellung / Production
Snoeck Verlagsgesellschaft mbH
Nievenheimer Str. 18
50739 Köln
www.snoeck.de

© 2024 der Künstler / the artist, die Autor*innen / the authors, feinkunst e.V., Sprengel Museum Hannover, Snoeck Verlagsgesellschaft mbH, Köln und / and VG Bild Kunst, Bonn

ISBN
978-3-86442-437-3
Printed in Germany

feinkunst e. V.
Roscherstraße 5
30161 Hannover
www.feinkunst.org

Sprengel Museum Hannover
Kurt-Schwitters-Platz
30169 Hannover
www.sprengel-museum.de

Sprengel@feinkunst ist eine Kooperation des Sprengel Museum Hannover und feinkunst e. V. / Sprengel@feinkunst is a cooperation of the Sprengel Museum Hannover and feinkunst e. V.

Gefördert mit Mitteln der Stiftung Kulturwerk, der Dr. Christiane Hackerodt Kunst- und Kulturstiftung sowie Rasselmania e.V. / Supported with funds from the Kulturwerk Foundation, the Dr. Christiane Hackerodt Art and Culture Foundation and Rasselmania e.V.

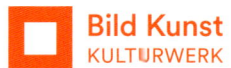
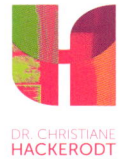
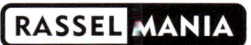
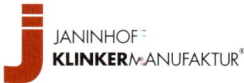

**Dank des Herausgebers /
Acknowledgements by the editor**

Besonderer Dank gilt / special thanks to Bastian Hoffmann

Für ihre Unterstützung / For their support Andreas Balze, Dorothee Frehrking, Carola Hagenah, Judith Hartstang, Beate & Wolfgang Hoffmann, Sarah Jade, Anna Kamphues, Sabine Kassebaum Sikora, Wilfried Köpke, Jan van der Most, Patrick Pütz, Michael Quint, Oliver Rhode, Reinhard Spieler, Carlotta Verweyen und / and Talia Walther

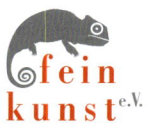
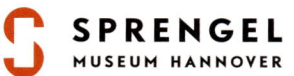

Eine Institution der
Landeshauptstadt

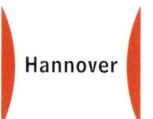

Gefördert durch

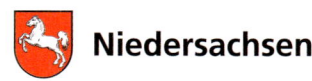

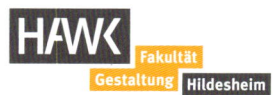